ACCESO GRATIS *a la Lectura en la Nube*

Para visualizar el libro electrónico en la nube de lectura envíe junto a su nombre y apellidos una fotografía del código de barras situado en la contraportada del libro y otra del ticket de compra a la dirección:

ebooktirant@tirant.com

En un máximo de 72 horas laborales le enviaremos el código de acceso con sus instrucciones.

LA MEDIACIÓN OBLIGATORIA MODERADA (MOM) EN EL MARCO DE LA PRECEPTIVIDAD DE LOS MASC

LA MEDIACIÓN OBLIGATORIA MODERADA (MOM) EN EL MARCO DE LA PRECEPTIVIDAD DE LOS MASC

Francisco Ramón Lara Payán
Profesor Lector de Derecho Mercantil
Universidad Autónoma de Barcelona

tirant lo blanch
Valencia, 2025

En caso de erratas y actualizaciones, la Editorial Tirant lo Blanch publicará la pertinente corrección en la página web www.tirant.com.

Director de la colección
CUADERNOS DE TRANSFERENCIA DE CONOCIMIENTO
ALFONSO ORTEGA GIMÉNEZ
Profesor Titular de Derecho internacional privado de la Universidad Miguel Hernández de Elche

EDITA: TIRANT LO BLANCH
C/ Artes Gráficas, 14 - 46010 - Valencia
TELFS.: 96/361 00 48 - 50
FAX: 96/369 41 51
Email: tlb@tirant.com
www.tirant.com
Librería virtual: www.tirant.es
DEPÓSITO LEGAL: V-2725-2025
ISBN: 979-13-7010-559-4
MAQUETA: Innovatext

Si tiene alguna queja o sugerencia, envíenos un mail a: *atencioncliente@tirant.com*. En caso de no ser atendida su sugerencia, por favor, lea en *www.tirant.net/index.php/empresa/politicas-de-empresa* nuestro procedimiento de quejas.

Responsabilidad Social Corporativa:
http://www.tirant.net/Docs/RSCTirant.pdf

A mis padres, Juan y Pepi.
Os quiero.

Índice

Capítulo II

Los principios esenciales de la mediación y del resto de MASC

Capítulo III

Mediación obligatoria moderada (MOM), una propuesta de mejora

Abreviaturas

ADR	*Alternative Dispute Resolution*
ALIM	Anteproyecto de Ley de Impulso de la Mediación
ART.	Artículo
BOE	Boletín Oficial del Estado
CC	Código Civil
CE	Constitución Española
CGAE	Consejo General de la Abogacía Española
CGPJ	Consejo General del Poder Judicial
CNUDMI	Comisión de las Naciones Unidas para el Derecho Mercantil Internacional
DOCE	Diario Oficial de las Comunidades Europeas
DOUE	Diario Oficial de la Unión Europea
LEC	Ley de Enjuiciamiento Civil
LO	Ley Orgánica
LOPJ	Ley Orgánica del Poder Judicial
MASC	Métodos Alternativos de Solución de Controversias
MOM	Mediación Obligatoria Moderada
STC	Sentencia del Tribunal Constitucional
STS	Sentencia del Tribunal Supremo

TC	Tribunal Constitucional
TJUE	Tribunal de Justicia de la Unión Europea
TS	Tribunal Supremo
UE	Unión Europea

Introducción

Mediante la presente obra se pretende realizar una aproximación al debate sobre el rediseño del proceso civil en España. La obra gira en torno a uno de los aspectos más delicados de la reciente reforma introducida por la Ley Orgánica 1/2025: la obligación legal de intentar, con carácter previo al proceso, un mecanismo adecuado de solución de controversias, lo que la propia norma denomina requisito de procedibilidad.

No se pretende criticar o defender de manera abstracta el nuevo marco legal, sino que se avanza hacia la formulación de una alternativa técnica denominada "mediación obligatoria moderada", o su acrónimo MOM. Esta figura se plantea como una mejora al sistema de mediación propuesto por el legislador. En este sentido se busca un equilibrio entre la eficiencia institucional y el respeto a las garantías del proceso, articulando una solución que no desnaturaliza la función jurisdiccional ni convierte la mediación en una mera carga procesal vacía, sino en una herramienta con potencial transformador real.

El análisis comienza con un estudio detallado de la configuración legal de los MASC según la LO 1/2025. Entramos a analizar la definición legal introducida en su artículo 2, que incluye modalidades diversas como la mediación, la conciliación, la oferta vinculante confidencial, el dictamen de experto independiente y la negociación directa entre abogados, reconociendo el valor estratégico de esta flexibilidad, pero advirtiendo también sobre el riesgo de ambigüedad jurídica si no se precisan con mayor claridad los requisitos formales y sustantivos de cada mecanismo, lo que podría derivar en interpretaciones dispares por parte de los órganos judiciales, comprometiendo así la seguridad jurídica y la finalidad pacificadora de la norma

Especial atención merece el debate sobre la constitucionalidad del requisito de procedibilidad. Se abordan las tensiones entre la obligación de acudir a un MASC y el derecho fundamental a la tutela judicial efectiva reconocido en el artículo 24 CE. A través de una revisión comparada con experiencias en países como Italia, Francia o Portugal, se muestra que la obligatoriedad puede ser legítima, siempre que supere un test de proporcionalidad y se articule con medidas de garantía como la gratuidad del procedimiento o un coste asumible, la existencia de mecanismos de derivación judicial bien estructurados y la posibilidad de exención en casos justificados.

Se aprecia en la normał una regulación ambigua de los conceptos clave (como el de intento válido de mediación), que puede tener efectos perversos en la práctica: resoluciones contradictorias entre juzgados, incremento del litigio incidental en la fase de admisión de la demanda y, en última instancia, una deslegitimación del propio modelo de justicia negociada que la reforma pretende consolidar.

Otro aspecto central que se subraya es la importancia de no reducir los MASC a meros instrumentos de descongestión judicial. Si bien la desjudicialización es uno de los objetivos explícitos de la LO 1/2025, se defiende que el verdadero éxito de estos mecanismos pasa por su transformación en herramientas útiles y legitimadas para los ciudadanos. Esto requiere un cambio de mentalidad en jueces, abogados y operadores jurídicos, así como una apuesta decidida por la formación en cultura de la paz, la ética del diálogo y la responsabilidad compartida en la gestión del conflicto. Solo así podrán los MASC dejar de ser vistos como una carga o una formalidad y convertirse en una vía real de acceso a soluciones consensuadas y sostenibles.

Se incorpora, además, una visión crítica sobre el papel del legislador al establecer el sistema de incentivos y sanciones derivado del cumplimiento o incumplimiento del intento de MASC. Se advierte que estas medidas, si no están bien calibradas, pueden generar efectos no deseados: desincentivar la mediación real, fomentar la simulación de intentos formales y abrir conflictos adicionales en la fase de admisión de la demanda. La MOM, en cambio, se presenta como un mecanismo más flexible y coherente con una justicia garantista, al permitir una adaptación razonada del requisito a las circunstancias del caso concreto, reforzando así la eficacia de los MASC sin comprometer el acceso pleno a la jurisdicción.

Se pretende dar una visión transversal al ofrecer no solo una interpretación crítica de la norma, sino también propuestas operativas para su aplicación efectiva en el ámbito judicial, legislativo y formativo.

¿Cómo promover el uso efectivo de los MASC sin erosionar el derecho de acceso a la jurisdicción? A partir de esta pregunta, se abre un abanico de propuestas que incluyen desde reformas estructurales en la Ley de Enjuiciamiento Civil, hasta la necesidad de establecer parámetros mínimos de calidad en la formación de mediadores, protocolos judiciales para la derivación a MASC, y una política pública sostenida de educación en cultura de la paz para evitar la instrumentalización de la mediación como filtro procesal vacío.

Esta inquietud subraya la necesidad de diseñar un sistema donde el MASC no sea un mero trámite, sino una oportunidad real de resolución dialogada del conflicto. Aquí radica la centralidad del modelo MOM: su finalidad no es imponer una carga más al ciudadano, sino generar un espacio inicial de diálogo que, con medios adecuados, pueda ofrecer alternativas al pleito.

En definitiva, cómo construir un sistema de justicia civil que combine eficiencia, accesibilidad y legitimidad, en el marco de una sociedad democrática que exige respuestas jurídicas a la altura de su complejidad.

Capítulo I

La relevancia de la preceptividad en concordancia con los principios esenciales de los MASC

SUMARIO: 1. IDENTIFICACIÓN DE LOS MASC INCORPORADOS EN LA LEY ORGÁNICA 1/2025, DE 2 DE ENERO. 1.1. Consideraciones generales de las actuales incorporaciones de los MASC en la Ley Orgánica 1/2025. 1.1.1. Concepto y ámbito de los MASC. 1.1.2. Requisito de procedibilidad: obligatoriedad previa y técnica legislativa empleada. 1.1.3. Impacto sistemático en la LEC, Ley 5/2012 y otras normas afectadas. 1.1.4. Jurisprudencia constitucional y garantías de acceso a la justicia. 1.1.4.1. Informe del Consejo General del Poder Judicial. 1.1.4.2. Dictamen Consejo de Estado. 1.2. Vías alternativas insertas en la vía jurisdiccional tradicional. 1.2.1. Inserción de la mediación, conciliación y otros MASC en el proceso jurisdiccional civil. 1.2.2. Encaje de los MASC con los principios procesales y tutela judicial efectiva (art. 24 CE). 1.2.3. Funciones de los jueces en la derivación intrajudicial a MASC. 1.2.4. Guía para la práctica de la mediación intrajudicial: aplicación y valor práctico. 1.2.5. Rol de los profesionales jurídicos (abogacía, procura y LAJs) en coordinación con los MASC.

1. IDENTIFICACIÓN DE LOS MASC INCORPORADOS EN LA LEY ORGÁNICA 1/2025, DE 2 DE ENERO

El legislador, en su afán de incluir un intento de negociación previa como requisito de procedibilidad[1] para la admisión a trámite de las demandas judiciales en el ámbito civil y mercantil, incluido los conflictos transfronterizos, ha mencionado específicamente un total de seis MASC[2] en el articulado de la

---

1 La obligación de acudir a un MASC previamente a interponer la demanda judicial no vulnera el derecho de tutela judicial efectiva, siempre que no desemboque en una decisión vinculante para las partes, que no suponga un retraso sustancial en la vía judicial ni sobrecoste adicional. *Vid.* IGLESIAS CANLE, I.C. "La mediación civil y mercantil y la tutela judicial efectiva a la luz de las nuevas reformas procesales" En TIERNO BARRIOS, S. RUIZ LÓPEZ, C. y RODRÍGUEZ GARCÍA, N. *Justicia restaurativa y medios adecuados de solución de conflictos*, Dykinson, Madrid, 2023, p.209.

2 El legislador escoge esta definición y no la de ADR (Alternativa Dispute Resolution) al ser España un país sin cultura de ADR, y la elección de "medios adecuados de solución de controversias" y no la de "métodos adecuados de solución de conflictos" porque el término "medio", en el Diccionario de la lengua española de la Real Academia Española, se define como "cosa",, "que puede servir para un determinado fin", en vez del término "método" que es el "procedimiento que se sirve en las ciencias para hallar la verdad y enseñarla", siendo más acorde el primer término para denominar a estos mecanismos. Y el término "controversias" frente al de "conflictos" se prefiere también porque el primero no implica la confrontación que supone el segundo. *Cfr.* HINOJOSA SEGOVIA, R. "Los medios adecuados de solución de controversias en el Proyecto de Ley de medidas de eficiencia procesal del ser-

Ley orgánica de medidas en materia de eficiencia del Servicio Público de Justicia sin realizar un *numerus clausus* de los mismos, realizando una definición de los MASC lo más amplia posible en el artículo 2 del Título II, entendiendo como MASC cualquier procedimiento o mecanismo de negociación, amparado por normas legales estatales o autonómicas, al que las partes implicadas en un conflicto recurren de manera honesta y con la intención de alcanzar una resolución fuera del ámbito judicial, ya sea directamente entre ellas o con la asistencia de un tercero imparcial que facilite dicho acuerdo.

Por lo que se puede ver el legislador no quiere encorsetar a los MASC con una definición que los limite y/o acote, en su afán de potenciar la negociación entre las partes, potenciando la cultura de la paz[3], así el artículo 5 de la ley menciona la mediación, la conciliación, la opinión neutral de una persona experta indepen-

---

vicio público de justicia" [Internet], *La Ley, Mediación y Arbitraje*, Núm. 11, Sección Novedades de ADR, Wolters Kluwer España, 2022, p. 3.

3 Concepto vinculado a principios fundamentales como la democracia, la educación para la paz y el respeto por el medio ambiente, definición recogida en la Resolución 53/243 de 1999 de la Asamblea General de las Naciones Unidas. https://digitallibrary.un.org/record/285677/files/A_RES_53_243-ES.pdf (Consulta el 9 de abril de 2025).

diente, la oferta vinculante confidencial, un procedimiento de derecho colaborativo y evitando limitar los medios reconocidos el artículo 2 habla de cualquier otra actividad negociadora reconocida legalmente[4].

1.1. Consideraciones generales de las actuales incorporaciones de los MASC en la Ley Orgánica 1/2025

La Ley Orgánica 1/2025, de 2 de enero, de medidas en materia de eficiencia procesal del servicio público de justicia, ha introducido de forma ambiciosa los Medios Alternativos de Solución de Controversias (MASC) en el ordenamiento jurídico civil español. Esta reforma, de inspiración tanto interna como europea, pretende modernizar la justicia civil promoviendo vías alternativas o adecuadas de resolución de conflictos —como la mediación, la conciliación u otros métodos autocompositivos— antes de acudir a la jurisdicción.

A continuación, se analizan sus disposiciones generales (especialmente el artículo 2 de la Ley Orgáni-

---

4 Nada impediría acudir al arbitraje, o usar un método híbrido entre arbitraje y mediación, en este sentido *Vid.* LALAGUNA HOLZWARTH, M. "ADR híbridos, en especial, ARB-MED-ARB: una forma muy prometedora de emparejar a la mediación y el arbitraje", [Internet] *Actualidad Jurídica Aranzadi,* Núm. 973, 2021, pp.1-2.

ca 1/2025), se valora críticamente la técnica legislativa empleada para integrar los MASC en el proceso civil, y se examinan los efectos sistemáticos de la reforma sobre la Ley de Enjuiciamiento Civil (LEC), la Ley 5/2012 de mediación y otras normas conexas. Asimismo, se aborda la jurisprudencia relevante del Tribunal Constitucional en materia de tutela judicial y métodos alternativos, con referencias al Derecho comparado (Italia, Francia, Unión Europea), y se recogen las críticas doctrinales al modelo adoptado junto con algunas aportaciones académicas destacadas al debate.

1.1.1. Concepto y ámbito de los MASC

Una de las novedades fundamentales de la Ley Orgánica 1/2025 es la definición amplia y flexible[5] de

---

5 Asimismo ya fue reconocida por el Informe de la Asociación Judicial Francisco de Vitoria que por entonces analizaba el Anteproyecto de Ley de medidas de eficiencia procesal del Servicio Público de Justicia (medios adecuados de solución de controversias) pero plenamente aplicable para el análisis de la LO 1/2025, de 2 de enero. *Vid.* ASOCIACIÓN JUDICIAL FRANCISCO DE VITORIA, *Informe sobre el anteproyecto de ley de medidas de eficiencia procesal del servicio público de justicia (medios adecuados de solución de controversias)*, 8 de febrero de2021,p.5.https://www.ajfv.es/wp-content/uploads/2021/03/ INFORME-SOBRE-EL-ANTEPRO-

qué debe entenderse por Medios Adecuados de Solución de Controversias (MASC). El art. 2 de la Ley Orgánica 1/2025 (ubicado en las Disposiciones Generales de su Título II, Capítulo I) conceptúa los MASC de forma abierta, abarcando cualquier procedimiento voluntario de negociación o acuerdo al que las partes acuden de buena fe para resolver extrajudicialmente un conflicto, ya sea directamente entre ellas o con la intervención de un tercero neutral.

Dentro de esta noción general, la ley enumera expresamente varias modalidades de MASC, sin ánimo exhaustivo. El propio artículo 2 incluye a modo de ejemplo: "la mediación, la conciliación o la opinión neutral de un experto independiente, la formulación de una oferta vinculante confidencial, o cualquier otro tipo de actividad negocial no tipificada legalmente", incluso dando cabida a que las partes acudan a un proceso de Derecho Colaborativo.

Todas estas figuras comparten la característica de buscar un acuerdo autocompositivo (acordado por las partes) en lugar de una decisión impuesta por un juez. La previsión legal de "cualquier otro tipo de actividad negociadora [...] reconocida en esta u otras

YECTO-DE-LEY-DE-MEDIDAS-DE-EFICIENCIA-PROCESAL-DEL-SERVICIO-PUBLICO-DE-JUSTICIA.pdf (Consultado el 3 de marzo de 2025).

leyes" refleja la intención del legislador de no cerrar la lista de métodos adecuados, sino admitir cualquier mecanismo de solución consensual ajustado a la legalidad (por ejemplo, negociación entre abogados, mediación administrativa, etc.), siempre que se cumplan ciertos requisitos de documentación y constancia del intento de acuerdo[6].

---

[6] Sobre el acierto o desacierto sobre el concepto amplio de MASC encontramos posturas dispares, la de ORDEÑANA GEZURAGA considera que la definición de MASC en la ley no es acertada, al entender que se da una definición confusa o ambigua, *Vid.* ORDEÑANA GEZURAGA, I. (2025). *¿Como elefante en cacharrería? o ¿Hágase el milagro, y hágalo el diablo? Algunos puntos sobre las íes en la nueva ordenación de los MASC en nuestro ordenamiento jurídico: diez aciertos y diez desaciertos? (1) (2) Actualidad Civil,* N.º 2, Marzo 2025, p.15. En otro sentido encontramos posturas intermedias que aceptan el concepto amplio pero con matices, como puede ser la postura del CGPJ donde acepta el concepto amplio por coherente con la autonomía, pero propone distinguir claramente el concepto, su ámbito y los principios y diferenciar los mecanismos con o sin tercero neutral, *Vid.* Consejo General del Poder Judicial. (2021). *Informe sobre el Anteproyecto de Ley de medidas de eficiencia procesal del servicio público de justicia.* CGPJ, Madrid, p. 274 o en término similares el CGAE acepta la definición amplia e inclusiva pero exige garantías normativas y claridad conceptual. *Vid.* Consejo General de la Abogacía Española. (2025). *Guía sobre los mecanismos adecuados de solución de controversias (MASC),* CGAE, Madrid, pp. 2-4. Por último posturas en total con-

Quedan expresamente excluidos del ámbito de aplicación de estos MASC, tal como señala la propia Ley Orgánica 1/2025 (Título II, Cap. I, art. 5.1), los conflictos en materias no disponibles por las partes o especialmente sensibles. En particular, la ley delimita que los asuntos civiles y mercantiles son el objeto principal de los MASC, incluyendo conflictos transfronterizos, pero se excluyen materias como la concursal (insolvencias) y la laboral, que ya cuentan con sus propios mecanismos específicos de negociación y conciliación (por ejemplo, convenios concursales, conciliación ante los servicios de mediación laboral) acordes a sus peculiaridades. También se excluye el ámbito penal, dado que en él no rige el principio dispositivo puro (si bien se reconoce separadamente la llamada justicia restaurativa para víctimas, como mecanismo voluntario complementario).

Asimismo, no se aplican MASC cuando alguna parte sea entidad del sector público, quedando pendiente una regulación específica para la mediación en lo contencioso-administrativo (Exposición de Motivos, apartado IV). Además, no podrán someterse a MASC

formidad con la definición realizada en la ley, como la de FERNÁNDEZ ROZAS que califica el concepto legal como moderno, flexible y funcional, *Vid.* FERNÁNDEZ ROZAS, J. C. (2025). "Reforma y modernización de la Justicia: El impacto de los métodos adecuados". *La Ley Mediación y Arbitraje*, n.º 22, pp. 11, 21 y 46.

los conflictos que afecten a derechos u obligaciones indisponibles para las partes según la ley (*e.g.* estado civil, capacidad, etc.), ni aquellos expresamente excluidos de mediación por la normativa vigente (por ejemplo, ciertos asuntos familiares ya exceptuados en la Ley de Mediación) – todo ello "sin perjuicio de la posible aplicación de medios adecuados de solución de controversias a los efectos previstos en los arts. 102 y 103 del Código Civil" [7] (Ley Orgánica 1/2025, Exposición de Motivos IV, párr. 3).

En suma, la Ley Orgánica 1/2025 realiza una integración normativa amplia de los MASC en el ámbito civil, definiendo su concepto (art. 2) y reconociendo diversidad de métodos: desde los más tradicionales (mediación, conciliación) hasta figuras novedosas como la negociación colaborativa asistida por abogados o la oferta vinculante confidencial. Con ello se pretende dar cumplimiento a la máxima ilustrada —citada metafóricamente en la Exposición de Motivos— de que "antes de entrar en el templo de la Justicia, se ha de pasar por el templo de la concordia", enfatizando la prioridad de la solución acordada sobre la contienda judicial. Ahora bien, como se verá, esta apuesta legis-

---

7 Real Decreto de 24 de julio de 1889 por el que se publica el Código Civil, *Gaceta de Madrid*, Núm. 206 de 25 de julio de 1889.https://www.boe.es/eli/es/rd/1889/07/24/(1)/con (Consultado el 3 de mayo de 2025).

lativa ambiciosa no está exenta de cuestiones críticas sobre su técnica normativa y su efectividad real.

1.1.2. Requisito de procedibilidad: obligatoriedad previa y técnica legislativa empleada

La medida más discutida de la reforma es la implantación de un requisito de procedibilidad consistente en haber intentado un MASC antes de poder presentar la demanda judicial en la jurisdicción civil. En términos sencillos, la Ley Orgánica 1/2025 obliga a las partes a una actividad negociadora previa al proceso, configurándola como presupuesto para la admisión de la demanda en la mayoría de los litigios civiles. Así lo establece el artículo 5 de la Ley Orgánica 1/2025, disponiendo que "en el orden jurisdiccional civil, con carácter general, para que sea admisible la demanda se considerará requisito de procedibilidad acudir previamente a algún medio adecuado de solución de controversias de los previstos en el artículo 2"[8]. En consecuen-

---

[8] *Vid.* MEDINA CUADROS, A. (2025). "El requisito de procedibilidad introducido por la nueva Ley 1/2025". *OpenHubNews – Opinión Jurídica,* 20 de febrero de 2025, https://openhubnews.com/eo-requisito-procedibilidad-introducido-nueva-ley-organica-1-2025-medidas-materia-eficiencia-servicio-publico-justicia/ (Consultado el 3 de mayo de 2025).

cia, se introduce en nuestro sistema la obligatoriedad de intentar un MASC antes del litigio, rompiendo con la tradición hasta ahora predominantemente voluntaria[9] de estos métodos en España.

Desde el punto de vista de la técnica legislativa, esta innovación se ha articulado mediante numerosas modificaciones puntuales en la LEC y leyes relacionadas, más la creación de normas sustantivas nuevas en la propia Ley Orgánica 1/2025. El legislador ha optado por integrar el requisito dentro de la ley procesal: por ejemplo, se ha añadido un apartado 3 al art. 399 LEC (sobre el contenido de la demanda) exigiendo indicar el intento de negociación previa, y se reformó el art. 403 LEC para prever la inadmisión de la demanda si falta el cumplimiento del requisito de procedibilidad[10].

Igualmente, se introdujo un nuevo art. 439 bis LEC (y un apartado 5 al art. 439) estableciendo la necesi-

---

9 Tanto en los métodos autocompositivos como heterocompositivos, incluyendo el arbitraje. Vid. SIERRA NOGUERO, E. "Estudio de Derecho español, inglés y comunitario sobre la extensión al tercero perjudicado del convenio arbitral y de ley aplicable del seguro marítimo de responsabilidad civil" *Cuadernos de Derecho Transnacional*, Vol. 15, Núm. 2, Octubre 2023, pp. 942-961.

10 *Vid.* FLORS MATIES, J. *Tribunales de Instancia. Solución extrajudicial de controversias y reforma del proceso civil*, Tirant lo Blanch, Valencia, 2025, p. 148.

dad de acreditar el intento de acuerdo en los procesos verbales iniciales. En paralelo, se modifican preceptos de la Ley 5/2012, de mediación civil y mercantil[11], para armonizarla con la nueva regulación y se añade una disposición que aclara que las referencias a "mediación" en la LEC deben entenderse hechas extensivamente a cualesquiera MASC enumerados en la Ley Orgánica 1/2025[12].

De esta manera, la ley intenta integrar sistemáticamente la nueva exigencia dentro del andamiaje procesal existente, en lugar de crear un procedimiento completamente independiente.

No obstante, la técnica legislativa seguida ha sido objeto de críticas doctrinales. En primer lugar, se ha cuestionado el lenguaje excesivamente enfático empleado en la Exposición de Motivos y la desconexión entre ese discurso y el articulado técnico final. El informe de la Asociación Judicial Francisco de Vitoria señalaba, por ejemplo, que "llama la atención que la Exposición de Motivos emplee un lenguaje afectado... está de más emplear en un texto normativo

---

11 Ley 5/2012, de 6 de julio, de mediación en asuntos civiles y mercantiles, *BOE*, Núm. 162 de 7 de julio de 2012. https://www.boe.es/eli/es/l/2012/07/06/5/con (Consultado el 1 de mayo de 2025).

12 *Ibidem*, p. 143 y Disposición Adicional Duodécima LEC.

expresiones como 'templo de la concordia' o decir que se quiere 'abrir' la justicia civil a los ciudadanos para que 'se sientan protagonistas de sus propios problemas'", proponiendo que el simbólico "lenguaje de madera" quede fuera de los textos legales[13]. Esta observación subraya una cierta falta de sobriedad técnica en la justificación de la ley, contraria al estilo deseable en normas procesales.

Más relevante aún, desde el punto de vista técnico, algunos autores consideran que la reforma no garantiza realmente la eficiencia que proclama. Se ha apuntado que muchas de las medidas (entre ellas la del requisito de MASC) son "de naturaleza técnica" y "no parece que vayan a dotar de mayor eficiencia real al saturado proceso civil español", el cual adolece de

---

13 *Vid.* ASOCIACIÓN JUDICIAL FRANCISCO DE VITORIA, Informe sobre el anteproyecto... *op. cit.*, p. 2, asimismo el informe realizado al respecto por el CGPJ también considera que el Anteproyecto adolece de claras deficiencias técnicas legislativas. *Vid.* CONSEJO GENERAL DEL PODER JUDICIAL, *Informe sobre el anteproyecto de ley de medidas de eficiencia procesal al servicio público de justicia,* [en línea] https://www.poderjudicial.es/stfls/CGPJ/COMISI%C3%93N%20DE%20ESTUDIOS%20E%20INFORMES/INFORMES%20DE%20LEY/FICHERO/20210727%20Informe%20anteproyecto%20de%20Ley%20de%20medidas%20de%20eficiencia%20procesal.pdf (Consultado el 1 de mayo de 2025).

"un grave problema de sobrecarga de entrada, al que acompaña otro de ineficiencia en la respuesta"[14].

En esta línea crítica, se sugiere que imponer trámites previos podría incluso añadir más dilación y coste al proceso, sin resolver el problema de fondo de la sobrecarga judicial.

La técnica legislativa, por tanto, enfrenta el desafío de equilibrar el fomento de soluciones amistosas con la garantía de acceso a la justicia. La Ley Orgánica 1/2025 ha intentado ese equilibrio mediante múltiples salvaguardas en su articulado: establece excepciones claras al requisito (casos en que no se exige negociación previa), impone el deber de confidencialidad en los MASC para que la información allí revelada no perjudique luego en juicio, prevé la interrupción de la prescripción y suspensión de plazos de caducidad mientras se intenta el acuerdo (art. 6 de la Ley Orgánica 1/2025) y permite que con una negativa o falta de respuesta de la otra parte durante 30 días se tenga por cumplido el trámite (Ley Orgánica 1/2025, art. 6.2). Además, la ley incorpora incentivos y disuasiones: por ejemplo, introduce la figura del "abuso del servicio público de justicia" que faculta al juez a considerar la actitud de las partes en orden a las costas. Si una parte se negó injustificadamente a un MASC o no acudió de buena fe, el juez

---

14 *Ibidem.*

podría "reflejarlo en costas" e incluso moderar o exonerar las costas de quien sí intentó negociar (véase art. 7 de la Ley Orgánica 1/2025). Igualmente, se prevé la posibilidad de imponer multas por rechazo temerario a mediaciones ordenadas judicialmente. Todas estas previsiones muestran un arsenal normativo complejo, cuyo acierto dependerá en gran medida de su aplicación práctica. La doctrina ha valorado positivamente la intención de mejorar la calidad de la justicia, pero no ha dejado de notar que es "arriesgada en cuestiones de gran trascendencia —el establecimiento de un requisito de procedibilidad—, y mejorable en aspectos de sistematización"[15]. En definitiva, la técnica legislativa utilizada es innovadora pero supone un cambio de paradigma procesal que suscita cautelas entre juristas.

1.1.3. Impacto sistemático en la LEC, Ley 5/2012 y otras normas afectadas

La integración de los MASC como parte del procedimiento civil ha requerido modificar una pluralidad de normas procesales y sustantivas. En cuanto a la Ley de Enjuiciamiento Civil (1/2000), la reforma es de gran calado: se han modificado artículos y añadido preceptos nuevos para insertar el requisito de procedibilidad y

---

15 *Vid.* ASOCIACIÓN JUDICIAL FRANCISCO DE VITORIA, *Informe sobre el...op. cit.*, p. 6.

regular la mecánica de la negociación previa. Como ya se indicó, se retocaron los arts. 399 y 403 LEC (demanda y su admisión) para exigir que el escrito inicial acredite la realización —o la excepción legal— del intento de acuerdo. El art. 404 LEC (admisión de la demanda) ahora faculta al Letrado de la Administración de Justicia a comprobar ese requisito y, en su defecto, dar un plazo para subsanarlo o proponer el archivo por falta de procedibilidad. Adicionalmente, se agregó un art. 437 bis y 439.5 LEC que obligan, en los procesos verbales, a hacer constar la negociación previa. Incluso procedimientos monitorios y ciertas demandas especiales del Libro IV LEC (p. ej. desahucios por falta de pago) quedan incluidos dentro del ámbito del requisito, salvo exclusiones precisas.

La Ley 5/2012, de mediación en asuntos civiles y mercantiles, ha debido adaptarse para coordinarse con los nuevos MASC. Aunque la Ley 5/2012 sigue vigente regulando la mediación voluntaria, la Ley Orgánica 1/2025 introduce algunas disposiciones adicionales para complementarla: se actualizan definiciones para englobar los nuevos medios colaborativos (por ejemplo, se reconoce el derecho colaborativo como modalidad distinta de la mediación tradicional[16]); se

---

16 Definido por NIEVA FENOLLL como "oscuro mecanismo que supone la intervención de abogados neutrales en reuniones para facilitar la resolución de controversias

refuerza la validez de los acuerdos logrados por cualquier MASC, estableciendo que podrán elevarse a escritura pública ante notario o someterse a homologación judicial para obtener fuerza ejecutiva, tal como se hace con los acuerdos de mediación (Ley Orgánica 1/2025, art. 12.3).

De hecho, una cuestión técnica importante es la ejecutividad de los acuerdos alcanzados en negociaciones previas: la Ley prevé que si las partes logran un acuerdo extrajudicial, podrán solicitar su homologación ante el juez para que tenga valor de cosa juzgada y eficacia de título ejecutivo (similar a la transacción judicial). No obstante, se ha criticado que "la ejecución de acuerdos de mediación tiene requisitos formales específicos (arts. 517 y 518 LEC) que pueden no ser automáticamente aplicables a algunos de los acuerdos que sean fruto de otros MASC", lo cual "rompe la coherencia del sistema de ejecución"[17].

Es decir, podría haber alguna laguna respecto de cómo ejecutar, por ejemplo, un acuerdo derivado de

---

evitando el proceso judicial". *Vid.* NIEVA FENOLL, J., *Derecho Procesal II (Proceso civil)*, 4.ª Edición, Tirant lo Blanch, Valencia, 2025, p. 143.

17 Vid. ASOCIACIÓN JUDICIAL FRANCISCO DE VITORIA, *Informe sobre el...*op. cit., p. 19.

una oferta vinculante confidencial si no se formaliza debidamente.

Otras normas afectadas incluyen la Ley de Asistencia Jurídica Gratuita 1/1996, modificada para que los servicios de mediación u otros MASC queden cubiertos por el derecho a justicia gratuita cuando su realización sea obligatoria o derivada judicialmente (Exposición de Motivos IV, párr. 7). Asimismo, se han realizado ajustes en la Ley 7/2017, de ADR de consumo[18], para coordinar los procedimientos de reclamación de consumidores (por ejemplo, se establece que la reclamación previa ante entidades de resolución financiera —Banco de España, CNMV, etc.— puede tener valor de intento de solución a efectos del requisito, según la D.A. 7ª de la Ley Orgánica 1/2025).

Igualmente interesante es la modificación de la Ley 35/2006 del Impuesto sobre la Renta de las Personas

---

18 Ley 7/2017, de 2 de noviembre, por la que se incorpora al ordenamiento jurídico español la Directiva 2013/11/UE, del Parlamento Europeo y del Consejo, de 21 de mayo de 2013, relativa a la resolución alternativa de litigios en materia de consumo, *BOE*, Núm. 268, de 4 de noviembre de 2017. https://www.boe.es/buscar/pdf/2017/BOE-A-2017-12659-consolidado.pdf (Consultado el 3 de mayo de 2025).

Físicas[19], donde se introducen incentivos fiscales[20]: la Ley Orgánica 1/2025 declaró exentas de IRPF ciertas indemnizaciones logradas en mediación o acuerdos extrajudiciales y permitió la desgravación de gastos de mediación en algunos supuestos, para promover el uso de estos medios[21]. Todo ello muestra un enfoque

---

19 Ley 35/2006, de 28 de noviembre, del Impuesto sobre la Renta de las Personas Físicas y de modificación parcial de las leyes de los Impuestos sobre Sociedades, sobre la Renta de no Residentes y sobre el Patrimonio, BOE, Núm. 285, de 29 de noviembre de 2006. https://www.boe.es/eli/es/l/2006/11/28/35/con (Consultado el 3 de mayo de 2025).

20 MORENO GONZÁLEZ, S. "Tratamiento fiscal de las exenciones por indemnizaciones en la ley de eficiencia de la Justicia" *Gómez-Acebo & Pombo, marzo de 2025, https://ga-p.com/wp-content/uploads/2025/03/Tratam_fiscal_exenciones_-Impuesto_Renta.pdf (Consultado el 3 de mayo de 2025).*

21 Vid. DIARIO LA LEY, «Modificación en las rentas exentas del IRPF respecto a las indemnizaciones por daños, por despido y por anualidades por alimentos» [en línea], (7 de enero de 2025), *https://diariolaley.laleynext.es/dll/2025/01/07/modificacion-en-las-rentas-exentas-del-irpf-respecto-a-las-indemnizaciones-por-danos-por-despido-y-por-anualidades-por-alimentos,* de (Consultado el 1 de mayo de 2025) y en la misma web de la Agencia Tributaria. Vid. AGENCIA ESTATAL DE ADMINISTRACIÓN TRIBUTARIA «Novedades de normativa 2025» [en línea], (2025) https://sede.agenciatributaria.gob.es/Sede/irpf/novedades-impuesto/novedades-normativa-2025/principa-

transversal: la reforma no se limita a la LEC, sino que abarca diversos ámbitos (fiscal, administrativo, notarial, laboral, etc.) para encajar el nuevo modelo de justicia consensual.

A pesar de estos esfuerzos de coherencia, la sistematización de la materia ha recibido observaciones mejorables. Se critica, por ejemplo, que la regulación de los MASC aparece dispersa en diferentes capítulos y artículos, generando cierta complejidad. También se señala el riesgo de que la confidencialidad —piedra angular de la mediación— se vea comprometida por algunas disposiciones: por ejemplo, la ley permite a las partes, abogados y tercero neutral declarar o aportar documentación privada en el momento de tramitación de las costas, para su exoneración o la moderación de las mismas (cfr. art. 9.2 letra b de la Ley Orgánica 1/2025) con la prohibición de su uso para otros fines y procedimientos posteriores. Esto podría forzar, indirectamente, a revelar información del proceso negociador para discutir las costas, tensionando el principio de confidencialidad. Son detalles técnicos que requerirán interpretación cuidadosa para no desvirtuar los MASC.

En conclusión, el impacto sistemático de la Ley Orgánica 1/2025 se manifiesta en múltiples textos lega-

---

les-novedades-ley-organica-1-enero.html (Consultado el 1 de mayo de 2025).

les interconectados. Se trata de una reforma holística que acomoda la justicia civil a un modelo multi-puerta: el ciudadano antes de litigar debe al menos intentar transitar por la "puerta" de la solución amistosa. Esta integración jurídica tan amplia es encomiable por su alcance, pero demandará un esfuerzo de todos los operadores para aplicarla armoniosamente y evitar choques con la normativa vigente. Queda por ver si en la práctica diaria estos cambios sistemáticos lograrán la agilización pretendida o si, por el contrario, se generarán incidencias procesales (incidentes de inadmisión, debates sobre suficiencia del intento conciliador, etc.) que podrían saturar de otro modo a los tribunales.

1.1.4. Jurisprudencia constitucional y garantías de acceso a la justicia

La exigencia de acudir a un MASC antes de litigar ha planteado inevitables interrogantes de encaje constitucional, en particular respecto al derecho fundamental a la tutela judicial efectiva (artículo 24.1 y 24.2 de la Constitución Española), siendo el equivalente a lo que en Derecho anglosajón se conoce como la obligación de respetar el *due process of law*[22].

---

22 Vid. ORTEGA GIMÉNEZ, A. "Derecho a la tutela judicial efectiva y alegación y prueba del derecho extranjero: (a propósito de la sentencia de la Audiencia Provincial de

El Informe al Anteproyecto de Ley de mediación en asuntos civiles y mercantiles que realizó el Consejo General del Poder Judicial[23], en adelante también CGPJ, establece que la mediación necesariamente debe apoyarse en "la plena voluntariedad de las partes interesadas, so pena de vulnerar el derecho a la tutela judicial efectiva plasmado en el artículo 24.1 de la Constitución Española (CE) y la reserva en exclusiva de la función jurisdiccional a Juzgados y Tribunales (artículo 117.3 CE) como únicos a quienes corresponde juzgar y hacer ejecutar lo juzgado".

No obstante, en la antítesis del anterior informe encontramos al Consejo de Estado, que emitió su Dictamen al Anteproyecto de Ley de mediación en asuntos civiles y mercantiles[24] concluyendo que el hecho de que se imponga la mediación en determinados procesos judiciales: *"es compatible con el principio de voluntariedad que se proclama de la mediación"*, por lo que no se vulneraría el derecho a la tutela judicial efectiva del artículo 24.1 CE.

Murcia, de 7 de marzo de 2023)" *Cuadernos de derecho y comercio*, Núm. 80, 2023, p. 231.

23 *Vid.* Consejo General del Poder Judicial, *Informe al Anteproyecto*...op.cit., p.14.

24 *Vid.* Consejo de Estado, *Dictamen al Anteproyecto*...op. cit. p.24.

Conforme dice ORTEGA GIMÉNEZ en el derecho a la tutela judicial efectiva se constituye de tres aspectos, el primero que este derecho debe imperar sobre cualquier interpretación formalista del derecho, no pudiendo obstaculizarse este derecho con "exceso de formalismos" que contraríen su fin último del art. 24.1 CE, en segundo lugar su interpretación material tiene que ser proporcional, siendo necesaria "la localización interpretativa más favorable" para hacer este derecho efectivo y por último el Tribunal Constitucional ha mantenido a salvo de este principio cualquier injerencia de excesiva discrecionalidad o arbitrariedad, exigiendo congruencia y motivación en la actividad del Juzgador[25], pero a mi entender las formalidades en derecho deben atemperarse a las nuevas realidades y más pronto que tarde por el bien de la sociedad.

¿Qué garantías[26] serían necesarias para los procedimientos autocompositivos y equivalentes jurisdic-

---

25 Vid. ORTEGA GIMÉNEZ, A. "Derecho a la tutela...."op. cit pp.231-232.

26 Señala LÓPEZ YAGÜE que la falta de formalismo, que no de forma o estructura en el procedimiento de mediación, pueden hacer que las partes padezcan un déficit de garantías, para evitarlo la LM contiene ciertas pautas y condiciones mínimas que garantizan la validez y eficacia del procedimiento y su resultado, conforme el artículo 10.2 LM., en este sentido *Vid.* LÓPEZ YAGÜE, V. "La media-

cionales? Analizando el artículo 24.2 CE, donde dice "juez ordinario predeterminado por la ley" tendríamos que realizar un cambio subjetivo, por el mediador, conciliador o árbitro determinado por ley que sea respetuoso con los principios de contradicción, igualdad de armas, dispositivo, acusatorio y del procedimiento en cuestión.

También se tiene que garantizar la asistencia letrada a los procedimientos autocompositivos y equivalentes jurisdiccionales, donde el interesado pueda encomendar el asesoramiento técnico al letrado de su confianza, que le guie durante el procedimiento correspondiente evitando su indefensión, así como señala DÍAZ MARTÍNEZ, el hecho de que no sea preceptiva la defensa y asistencia letrada la ley no priva de su intervención[27].

La siguiente garantía que recoge el artículo 24.2 CE es el derecho "a ser informado de la acusación", es decir, que la persona que reciba el requerimien-

---

ción y otros MASC" en VAZQUEZ DE CASTRO, E. y GARCÍA VILLALUENGA, L. et al, *Habilidades y procedimientos en la mediación,* Aranzadi, Pamplona, 2024, p. 171.

27 *Vid.* DÍAZ MARTÍNEZ, M. "Los Derechos Fundamentales del artículo 24.2 de la Constitución" en GIMENO SENDRA, V., DÍAZ MARTÍNEZ, M. y CALAZA LÓPEZ, M. *Introducción al derecho procesal,* la edición, Valencia, Tirant lo Blanch, 2020, p. 278.

to para participar en la mediación, conciliación o arbitraje tenga conocimiento pleno de cuáles son las pretensiones de la otra parte para poder defenderse de manera contradictoria, hecho que sucede cuando una persona recibe una petición de mediación, conciliación o arbitraje[28].

Continua el artículo 24.2 con el "derecho a un proceso público sin dilaciones indebidas y con todas las garantías", donde el incumplimiento de este derecho, con dilaciones por parte de los poderes públicos es el causante de la situación de colapso que existe en los tribunales de justicia, y es lo que se pretende subsanar con la imposición de otros métodos alternativos de solución de conflictos alternativos, donde el plazo máximo de resolución de los conflictos autocompositivos y el arbitraje[29] están regulados por ley, fijándose para

---

28 Resulta reseñable como la mediación, a nivel internacional, va tomando el protagonismo al arbitraje, no así aún su relevo, como mecanismo de resolución de controversias efectivo. Vid. PERNA HERNÁNDEZ, M. Tesis doctoral, Dir. MARTÍNEZ JIMÉNEZ, M.I. *Régimen jurídico de la inversión extranjera en América Latina, con especial referencia a la inversión de las empresas españolas en Bolivia,* Universidad Autónoma de Barcelona, 2022, p. 232, https://ddd.uab.cat/pub/tesis/2022/hdl_10803_674931/mph1de1.pdf

29 No deja de resultar curioso, tal y como indica ORTEGA GIMENEZ que no hay una definición de arbitraje en nuestra ley, teniendo que acudir a la doctrina para

el arbitraje un plazo de 6 meses más una posible prórroga de 2 meses, la mediación y la conciliación se fija el plazo más breve posible cuando en la resolución por parte de los tribunales el plazo es indeterminado, con la regulación de los plazos se otorga seguridad jurídica a los medios alternativos de solución de controversias, quedando excluida toda dilación indebida.

En cuanto a la mención que se hace de un proceso público, el principio de publicidad recogido tiene dos vertientes, evitar abusos de una justicia sustraída del poder público y mantener la confianza de la comunidad en los tribunales[30], en este caso hablaríamos del sistema de mediación, conciliación y arbitraje, que en la actualidad está desempeñado por profesionales altamente cualificados bajo la vigilancia de la Administración pública, y a los que les otorga un procedimiento regulado previamente, y téngase en cuenta que la publicidad tampoco tiene un carácter absoluto

---

su definición. Vid. ORTEGA GIMÉNEZ, A. "El arbitraje como forma de resolución de controversias en el ámbito de las relaciones comerciales internacionales en España" [en línea] *Revista Boliviana de Derecho*, Núm. 37, 2024. pp. 722-745. https://dialnet.unirioja.es/descarga/articulo/9250441.pdf (Consultado el 7 de mayo de 2025).

30 *Vid.* DÍAZ MARTÍNEZ, M. "Los Derechos Fundamentales..."op. cit. pp. 280-281.

en la vía jurisdiccional, donde hay supuestos reservados también en la jurisdicción ordinaria.

En relación a "proceso con todas las garantías", además de lo comentado previamente se tratan del derecho a un juez imparcial, el respeto a los principios de publicidad, inmediación y contradicción que con la regulación propia de los MASC, o con otra legislación que los contempla, como la Ley de Jurisdicción Voluntaria, la Ley del Notariado y la Ley Hipotecaria que regulan la conciliación realizada ante el Letrado de la Administración de Justicia, ante el Notario y ante el Registrador, respectivamente, está claramente garantizado, imponiendo la obligación al mediador, conciliador o árbitro de ser imparciales, y regulando los casos donde se pueda considerar que no lo sea y si alguna de las partes así lo considerase, sea o no sea el caso, se habilita la opción para realizar un nuevo nombramiento.

Para el caso de vulneración de la imparcialidad por parte de los mediadores, conciliadores o árbitros se estipulan sanciones y derivaciones de responsabilidad civil para los anteriores profesionales.

Y por último "a utilizar los medios de prueba pertinentes para su defensa, a no declarar contra sí mismos, a no confesarse culpables y a la presunción de inocencia", que en el caso de los MASC su propia legislación los regula y les otorga, de entrada, un carácter confidencial, donde las partes posteriormente no deben temer el uso indebido de la información o documentos aportados al procedimiento de MASC en la vía judicial para el caso de método alternativo infructuoso, es más, el artículo 9 de la LO 1/2025, no solo establece la confidencialidad y protección de datos[31] del proceso y de todo tipo de información de los MASC, sino que además determina expresamente que no podrán ser aceptados como prueba en un proceso judicial posterior.

Una vez finalizado el proceso en el caso de acuerdo, se requiere que la resolución que pone fin al mismo tenga fuerza ejecutiva, es decir, que las actas de acuerdo de mediación o conciliación, por un lado y

---

31 Como indica ORTEGA GIMÉNEZ: "el derecho a la protección de datos —como manifestación del derecho a la intimidad—, que engloba el derecho a conocer quién almacena nuestros datos y con qué finalidad, y los derechos a acceder, rectificar, oponernos y cancelar aquellos de nuestros datos que hemos permitido sean tratados, es el derecho de toda persona al control y disposición sobre sus datos personales, que deberá protegerse por los poderes públicos; y, asimismo, impone a terceros la realización de cuantos comportamientos sean necesarios para no invalidarlos." *Vid.* ORTEGA GIMÉNEZ, A. "Protección de datos" en COLLANTES GONZÁLEZ, J.L. (Dir.) et al *Diccionario Digital de Derecho Internacional Privado*, Estudio Mario Castillo Freyre, Perú, 2023, p. 1223.

los laudos arbitrales por otro, estos últimos debidamente fundamentados, puedan esgrimirse para exigir la tutela resuelta en caso de incumplimiento.

En los supuestos que no sea posible el acuerdo, se levantará acta de la celebración del MASC y esto habilitará a la parte interesada a poder acudir a la vía judicial, acreditando el intento previo de un MASC.

El Tribunal Constitucional español no se ha pronunciado todavía específicamente sobre esta Ley Orgánica 1/2025 (dada su reciente entrada en vigor en 2025), pero sí existe jurisprudencia previa relevante sobre la compatibilidad de requisitos previos y filtros procesales con el derecho de acceso a la justicia.

En términos generales, el Tribunal Constitucional ha aceptado que el legislador puede establecer cauces y condiciones al ejercicio de la acción judicial, siempre que estos no supongan una negación o impedimento desproporcionado del derecho de tutela. Ya en la jurisdicción laboral, desde hace décadas es obligatorio el intento de conciliación administrativa previa antes de presentar demanda por despido u otras reclamaciones laborales (según la Ley de Procedimiento Laboral de 1995 y la vigente Ley 36/2011). El TC avaló dicha exigencia al entender que no vulnera el art. 24 CE, pues persigue un fin legítimo (facilitar la solución del conflicto) y no impide acceder al juez si fracasa la conciliación. Por ejemplo, en la STC 1/1983[32], referente a la conciliación ante el IMAC en el proceso laboral, el Tribunal no apreció violación del derecho de tutela judicial efectiva por requerirse ese trámite previo. Del mismo modo, en STC 17/1985[33] se afirmó que "el derecho a la tutela judicial efectiva no exige una vía judicial inmediata y libre de todo requisito, siempre que se respete el contenido esencial del derecho" (Fundamento Jurídico 1.º). Es decir, pueden imponerse pasos previos como conciliar o mediar, siempre que después quede garantizado el acceso al juez en caso de no haber avenencia.

Esta doctrina se ha reiterado en decisiones posteriores. Así, la STC 206/1987[34] recordó que resultan constitucionalmente legítimos los "obstáculos razonables" o requisitos legales que busquen un objetivo como la descongestión judicial o el acuerdo entre partes, siempre que no sean impeditivos en exceso (FJ 5). El Tribunal Europeo de Derechos Humanos, por su parte, también ha declarado que el derecho de acceso a tribunales (art. 6 CEDH) no es absoluto y puede estar sujeto a condiciones de admisibilidad, siempre que tengan una justificación legítima y pro-

---

32 STC 1/1983, Sala Segunda, de 13 de enero, (*Tol 79.169*).

33 STC 17/1985, Sala Primera, de 9 de febrero, *(Tol 79.432)*.

34 STC 206/1987, Sala Primera, de 21 de diciembre, (*Tol 79.945*).

porcionada (por ejemplo, en Miragall Mateo vs. España, 2002, el TEDH avaló ciertos requisitos procesales estrictos siempre que no priven del derecho en su esencia[35]). En el contexto que nos ocupa, la mediación obligatoria y otros MASC previos se enmarcan en esa categoría de requisitos procedimentales. La clave constitucional estará en que no se conviertan en una barrera insalvable o dilatoria indebida para el ciudadano.

La Sentencia del Tribunal Constitucional 182/2002, de 14 de octubre de 2002[36] en su Fundamento de Derecho 3.º resolvió si la mediación obligatoria puede o no vulnerar el derecho a la tutela judicial efectiva, manifestando que si el legislador establece un requisito previo para poder acceder a la vía judicial de intento de cualquier acto de negociación, como parece el caso, no se tiene que entender vulnerada la tutela judicial efectiva, no pudiéndose calificar el intento de mediación obligatorio previo, o cualquier otro acto de negociación legalmente reconocido, como una traba caprichosa que impida el acceso a los juzgados y tribunales, su razón de ser es la de fomentar la cultura

---

35 STEDH 38366/97, Sección Cuarta, de 25 de enero de 2000. *(Tol 121.760).*

36 STC 182/2002, Sala Segunda, de 14 Octubre, *(Tol 258.542).*

de la paz[37] y colateralmente mejorar el funcionamiento de la Administración de Justicia.

La Ley Orgánica 1/2025 ha tratado de blindar la constitucionalidad de la reforma mediante varias cautelas ya mencionadas: un catálogo amplio de excepciones donde no rige el requisito de MASC (asuntos especialmente urgentes o delicados, como tutela de derechos fundamentales, violencia doméstica, menores en riesgo, procedimientos ejecutivos, etc.), de modo que en ningún caso se exija mediación cuando esté en juego una tutela judicial urgente o el orden público. La propia ley lo explicita en su artículo 5.1, exceptuando más de ocho supuestos sensibles. Asimismo, el intento de MASC no consume mucho tiempo: si la otra parte no responde en 30 días, se puede acudir a la vía judicial (Ley Orgánica 1/2025, art. 7.1), y si se recurre a un mediador o conciliador profesional, el plazo para considerar fracasada la negociación es de 15 días desde la primera reunión si no hay acuerdo

---

37 En palabras de COBAS COBIELLA "La mediación constituye un instrumento poderoso, para transformar la mentalidad de la sociedad y fomentar otras vías de solución". *Vid.* COBAS COBIELLA, M.E. "Transparencia en el procedimiento de mediación. Especial caso de la empresa familiar" en COBAS COBIELLA, M.E. et al *Equidad y transparencia en la prestación de servicios*, Dykinson, Madrid, 2023, p.203.

(Ley Orgánica 1/2025, art. 7.2). Estas previsiones buscan que el requisito no cause demoras excesivas. También se garantiza la asistencia letrada en todo el proceso negociador (los abogados pueden acompañar a las partes en los MASC, e incluso la negociación entre abogados de las partes es en sí un MASC válido). De hecho, la ley concibe a la abogacía como pieza central de este modelo, reforzando su papel negociador ("se incrementa el protagonismo de las profesiones jurídicas, especialmente por el papel negociador de la abogacía que se garantiza en todo caso", Exposición de Motivos, ap. IV).

Con todo, no cabe descartar que la implementación del requisito de procedibilidad genere cuestiones de constitucionalidad que deban ser resueltas en el futuro. Por ejemplo, si un órgano judicial entendiera que la exigencia de un MASC previo en cierto caso concreto obstaculiza injustificadamente el derecho a la tutela, podría plantear cuestión ante el TC. La experiencia de otros países ofrece algún antecedente: en Italia, la mediación civil obligatoria fue objeto de control por el Tribunal Constitucional de Italia en 2012 (Sentencia n.º 272/2012[38]). En ese caso, la Corte

---

[38] Tribunal Constitucional de Italia, sentencia n.º 272/2012, de 24 de octubre. https://www.cortecostituzionale.it/actionSche daPronuncia.do?anno=2012&numero=272 (Consultado el 1 de mayo de 2025).

italiana declaró la invalidez de la norma de mediación obligatoria, si bien por motivos formales (exceso en la delegación legislativa) y no por considerar inconstitucional en sí la idea de obligar a mediar. De hecho, tras subsanarse el procedimiento legislativo, Italia reinstauró la mediación obligatoria para ciertos asuntos en 2013, añadiendo garantías (por ejemplo, solo es obligatoria celebrar una sesión inicial informativa de mediación, tras la cual las partes pueden decidir no continuar).

En España, haciendo más referencia jurisprudencial sobre la materia la encontramos en el ámbito del derecho de huelga: la STC 11/1981[39] y otras sentencias han considerado legítimo exigir un intento de mediación previa antes de convocar una huelga, entendiendo que no se limita el contenido esencial del derecho si tras la mediación (aunque fracase) el sindicato puede ejercer libremente la huelga, en el mismo sentido se pronuncia el Tribunal Supremo, Sala de lo Social, en su sentencia 995/2024 de 9 de julio de 2024[40], donde se reconoce que exigir con carácter previo a la convocatoria de huelga el sometimiento a un procedimiento de mediación no limita el contenido esencial del derecho fundamental.

---

39 STC 11/1981, de 8 de abril *(Tol 109.335)*.

40 STS 995/2024, Sala de lo Social, de 9 de julio de 2024. (*Tol 10.149.019*).

Este razonamiento es trasladable al proceso civil: mientras el ciudadano que no logre acuerdo pueda luego presentar su demanda y obtener una decisión judicial, no se estaría suprimiendo su derecho fundamental, sino encauzándolo mediante un trámite que persigue un interés público —la eficiencia y la paz social— igualmente protegido por la Constitución (art. 24.2 CE in fine, derecho a la solución del conflicto).

En resumen, la jurisprudencia constitucional española ha ido delineando un marco que tolera mecanismos previos de solución como la conciliación o mediación obligatoria, siempre bajo principios de proporcionalidad y salvaguarda del acceso final al juez. Habrá que observar cómo el Tribunal Constitucional, llegado el caso, evalúa la Ley Orgánica 1/2025. Es previsible que, de ser impugnado el modelo, el análisis se centre en si las excepciones y garantías previstas son suficientes para que el requisito de MASC no vulnere el art. 24 CE. Dado que la ley contempla amplias excepciones (por ejemplo, no aplica cuando se pide tutela judicial de derechos fundamentales, ni en procesos de medidas urgentes como las del art. 158 CC para protección de menores, etc.), es probable que el TC considere que no hay lesión del derecho de tutela, en línea con su doctrina previa.

A continuación analizaremos los argumentos de los dos informes que se emitieron por el Consejo General del Poder Judicial, de fecha 19 de mayo de 2010[41] y por el Consejo de Estado, aprobado el 17 de febrero de 2011[42] donde ambos analizaban la imposición de la mediación de manera obligatoria y su compatibilidad con el derecho a la tutela judicial efectiva, donde se obtuvieron conclusiones opuestas en relación con la mediación obligatoria y el acceso al derecho fundamental de la tutela judicial efectiva.

1.1.4.1. Informe del Consejo General del Poder Judicial

El informe del Consejo General del Poder Judicial, de fecha 19 de mayo de 2010, entiende que imponiendo la mediación previamente a la vía jurisdiccional, se vulnera el principio de voluntariedad de la mediación, atacando frontalmente al mismo y por ende al derecho fundamental de la tutela judicial efectiva.

---

41 *Vid.* Consejo General del Poder Judicial, *Informe al Anteproyecto de la Ley de mediación en asuntos civiles y mercantiles*, Madrid, 19 de mayo de 2010, https://www.poderjudicial.es/stfls/cgpj/COMISI%C3%93N%20DE%20ESTUDIOS%20E%20INFORMES/INFORMES%20DE%20LEY/FICHERO/009.10_1.0.0.pdf.

42 *Vid.* Consejo de Estado, *Dictamen al Anteproyecto de la Ley de Mediación en asuntos civiles y mercantiles*, de 17 de febrero de 2011. https://www.boe.es/buscar/doc.php?id=CE-D-2010-2222

Recoge el informe que la libertad individual y la autonomía de la persona van ligadas al instituto de la mediación, siempre sobre materias disponibles y no de orden público, y que el acceso al recurso a un método alternativo de resolución de conflictos no puede vulnerar el derecho a la tutela judicial efectiva, siempre que sean materias disponibles para las partes y las mismas hayan escogido la misma para resolver sus controversias.

Sigue el informe manifestando que la justicia emana del pueblo y que son los jueces y magistrados los que la administran en su nombre y esto supone un valor superior del ordenamiento jurídico, la de juzgar y hacer ejecutar lo juzgado, competencia exclusiva y excluyente de los Juzgados y Tribunales, para acabar reconociendo que la justicia también puede ser alcanzada a través de mecanismos de autocomposición que eviten acudir a la vía jurisdiccional, como el arbitraje o la mediación.

Pero...¿Es obligatorio acudir siempre al Poder Judicial para que tutele nuestros derechos y obligaciones? ¿Siempre se ha acudido al mismo para solicitar su amparo ante las controversias presentadas? Como bien dice CARRETERO MORALES[43] no siempre el

---

43 *Vid.* CARRETERO MORALES, E. *La mediación civil y...op. cit.* p. 40.

poder de decisión de las controversias ha estado en manos del Poder Judicial pero sí que tiene que ser el último baluarte a donde acudir si fuera necesario, o como añade COBAS COBIELLA que existen otras modalidades para la defensa de los derechos subjetivos, pasando a hablar de la tutela jurídica efectiva, con independencia del funcionario que la conceda o la constituya[44].

Sobre este sentido se pronuncia BARONA VILAR[45], el poder político, poco a poco desde la creación del germen del Estado Moderno tal y como lo conocemos, con la separación de poderes, ha ido situando en la órbita de la resolución de conflictos a sus medios y a sus profesionales, con sus tribunales y procesos, asumiendo su monopolio y empleando grandes dosis de heterocomposición, creando la idea en la sociedad

---

44 *Vid.* COBAS COBIELLA, M.E. "Jurisdicción Voluntaria y Modernización de la Justicia. Algunos apuntes sobre el tema." [Internet] *Revista de Derecho Patrimonial,* Núm. 29, Sección Doctrina, Tercer cuatrimestre de 2012, p.170.

45 *Vid.* BARONA VILAR, S. "ADR y jurisdicción, de vidas paralelas a su integración en el paradigma de justicia del siglo XXI (una reflexión acerca de sus retos y peligros con ojos de mujer)" en ETXEBARRÍA ESTANKONA, K., ORDEÑANA GEZURAGA, I. y OTAZUA ZABALA, G. (Dirs.) *Justicia con ojos de mujer: cuestiones procesales controvertidas,* Tirant lo Blanch, Valencia, 2018, pp. 179-180.

que la tutela judicial efectiva solo podía venir de los jueces a través del proceso[46].

Con el paso del tiempo ante el creciente número anual de demandas, denuncias, peticiones, requerimientos, procedimientos, y el aumento de la criminalidad a nivel nacional e internacional junto con el avance económico, digital, demográfico de la sociedad se han ido desbordando los juzgados, no pudiendo ofrecer una solución aceptablemente rápida a la multitud de peticiones de tutela y por ende creando la sensación de desamparo de los ciudadanos.

Cuando la Administración de Justicia, debido al elevado número de casos que tramita se colapsa, el ciudadano siente que por parte del Estado, del que

---

46 Hay que tener presente, conforme recoge COBAS COBIELLA "En este sentido es importante destacar, que si bien los tribunales históricamente han resuelto todas las cuestiones, aun aquellas que no entrañan Litis como sucede con la llamada jurisdicción voluntaria, y si en otro orden de cosas, asumimos que existen otras modalidades para la defensa de los derechos subjetivos, cabe entonces entender, que en aquellos supuestos que hay conformidad de las partes, podría producirse el traspaso a otros operadores jurídicos, sin que ello mengüe los derechos de las partes o el derecho a una protección jurídica" *Vid.* COBAS COBIELLA, M.E *Mediación en el ámbito cultural*, Dykinson, Madrid, 2024, p.42.

forma parte, donde tributa, socializa, respeta, confía y al que acude en los momentos difíciles para obtener una respuesta a sus problemas y se encuentra que la parte del Estado encargado de ello, es decir, los juzgados y tribunales que están para resolver los conflictos de diversa índole aplicando unas normas preestablecidas, de independencia, de sumisión a la ley, como es el Derecho Civil, Mercantil, Laboral, Penal o Administrativo no están resultando eficientes, no tiene más alternativa que acudir a los métodos autocompositivos y equivalentes jurisdiccionales[47], exceptuando la autotutela[48], prohibida por ley y donde a cambio se nos otorga el derecho de la tutela judicial efectiva que en la actualidad es ineficiente y tardío, para no volver al ojo por ojo y diente por diente de Código de Hammurabi, con la utilización de la mediación, la conciliación, el arbitraje o los sistemas mixtos o híbridos.

---

[47] *Vid.* GIMENO SENDRA, V. "El Fundamento de la Jurisdicción" en GIMENO SENDRA, V., DÍAZ MARTÍNEZ, M. y CALAZA LÓPEZ, M. *Introducción al derecho procesal,* 1a edición, Valencia, Tirant lo Blanch, 2020, pp.31-32.

[48] Caracterizada por la ausencia de juez distinto de las partes y la imposición de la decisión por una de las partes a la otra. Cfr. ÁLCALA-ZAMORA Y CASTILLO, N. *Proceso, autocomposición y autodefensa.* 1. ed., Ediciones Olejnik, Santiago de Chile, 2019, p. 62.

Señala DÍAZ MARTÍNEZ que "El principio de exclusividad jurisdiccional aparece consagrado, en sentido positivo, en el art. 117.3 CE, conforme al cual «el ejercicio de la potestad jurisdiccional en todo tipo de procesos, juzgando y haciendo ejecutar lo juzgado, corresponde exclusivamente a los Juzgados y Tribunales determinados por las Leyes, según las normas de competencia y procedimiento que las mismas establezcan» y, en sentido negativo, en el apartado cuarto del mismo precepto, según el cual «los Juzgados y Tribunales no ejercerán más funciones que las señaladas en el apartado anterior y las que expresamente les sean atribuidas por Ley en garantía de cualquier derecho[49]".

Entonces el ciudadano se encuentra que si el único que puede proporcionar soluciones a los conflictos con el monopolio de la potestad jurisdiccional no lo hace en un plazo razonable es como si no lo hiciera[50], siendo además consciente de ello tiene que habilitar otros métodos, no excluyentes de la jurisdicción en *ultima ratio*, e

---

49 *Vid.* DÍAZ MARTÍNEZ, M. "El monopolio estatal de la jurisdicción, principio de exclusividad y unidad jurisdiccional" en GIMENO SENDRA, V., DÍAZ MARTÍNEZ, M. y CALAZA LÓPEZ, M. *Introducción al derecho procesal*, 1a edición, Valencia, Tirant lo Blanch, 2020, p. 85.

50 "Nada se parece tanto a la injusticia como la justicia tardía" frase atribuida a Lucio Anneo Seneca, filósofo romano.

incluso imponer el uso previo de los mismos garantizando, eso sí, ahora sin dilaciones indebidas y con todas las garantías del artículo 24 de nuestra Carta Magna.

Continua el informe del CGPJ diciendo que en la mediación nadie juzga, el tercero interviniente actúa potenciando la comunicación entre las partes para que por sí solas lleguen a un acuerdo, y ese acuerdo en caso de ejecución forzosa se hace necesario acudir a la vía jurisdiccional, activando la segunda actividad de los tribunales, la de ejecutar lo juzgado, pese a que el título a ejecutar no sea judicial, sino asimilado a una sentencia firme, necesitando la mediación ser complementada por una actividad jurisdiccional de ejecución para hacer efectivo lo pactado, quedando la mediación y el arbitraje ligados a la función jurisdiccional al final.

Analiza el informe que el Anteproyecto otorga al acuerdo de mediación la fuerza de cosa juzgada, cual sentencia firme, de ahí su asimilación como título ejecutivo, y hace referencia a la vinculación de la mediación con la Administración de Justicia, como medio alternativo de resolución de disputas, al igual que lo está el arbitraje, pronunciándose al respecto el Tribunal Constitucional en su sentencia 62/1991, de 22 de marzo[51] cuando manifestaba que

---

[51] Tribunal Constitucional, Pleno, Sentencia 62/1991 de 22 Marzo 1991, *(Tol 80.476)*.

"no cabe duda que el establecimiento de un sistema de arbitraje, como dijimos en la STC 15/1989, F. J. 9, es materia atribuida a la competencia del Estado por los títulos competenciales del art. 149.1, 5 y 6, pues, siendo el arbitraje un «equivalente jurisdiccional», mediante el cual las partes pueden obtener los mismos objetivos que con la jurisdicción civil (esto es, la obtención de una decisión que ponga fin al conflicto con todos los efectos de la cosa juzgada), es evidente que la creación de órganos de naturaleza arbitral y el establecimiento de dicho procedimiento heterocompositivo es materia propia de la legislación procesal civil, relacionada, en cuanto a los efectos del laudo arbitral y al sistema de recursos, con la Administración de Justicia".

Pasamos a comentar el análisis que realiza el informe sobre el principio de voluntariedad, empezando a decir que es un principio de alcance relativo, pues en el texto del Anteproyecto que analiza, en su artículo 7 deja claro que puede ser obligatorio someterse a mediación si se establece legalmente, introduciendo modificaciones en la LEC, modificaciones que no prosperaron, sobre la preceptividad del intento de mediación, en determinados juicios verbales por razón de la cuantía, haciendo preceptivo el intento de mediación en los seis meses previos a la interposición de la demanda.

Reconoce que el principio de voluntariedad no lo encontramos en el inicio de la mediación si la impone la ley, pero sí en el mantenimiento de las partes en la misma y sobre todo en la finalización de la misma con acuerdo, que solo puede darse si las partes consienten libremente.

El informe sigue haciendo referencia al Considerando (13) de la Directiva 2008/52/CE[52] en el sentido de que las partes deben poder organizar dicho proceso y darlo por terminado en cualquier momento, y también se hace referencia al artículo 5.2 de la misma Directiva, donde se habilita a los Estados Miembros a establecer la mediación obligatoria o que la someta a incentivos y sanciones, ya sea antes o después de la incoación del proceso siempre que ello no impida el acceso a la vía jurisdiccional.

En relación con las modificaciones de la LEC que propone el Anteproyecto comentaremos las reformas conectadas con la configuración de un intento de mediación obligatorio previo a la interposición de determinadas demandas.

---

52 Directiva 2008/52/CE del Parlamento Europeo y del Consejo de 21 de mayo de 2008 sobre ciertos aspectos de la mediación en asuntos civiles y mercantiles, *DOUE,* L-136/3, de 24 de mayo de 2008. https://eur-lex.europa.eu/legal-content/ES/TXT/PDF/?uri =CELEX:32008L0052 (Consultado el 1 de mayo de 2025).

El Anteproyecto proponía hacer preceptivo un intento de mediación previo a la interposición de determinadas demandas de juicio verbal por razón de la cuantía de reclamación de cantidad y que no se refieran a ninguna de las materias enumeradas en el artículo 250.1 LEC ni tampoco a materia de consumo.

El informe continua diciendo que hacer la mediación previa obligatoria, aunque sean para cantidades inferiores a 6.000 euros que deban ventilarse por los cauces del juicio verbal supone establecer un sistema parecido al acto de conciliación previo a la demanda de juicio declarativo que se establecía en la Ley de Enjuiciamiento Civil de 1881[53], en su artículo 460, no creyendo que la instauración del recurso obligatorio a la mediación o la conciliación redunde por sí solo en una auténtica reducción de la litigiosidad, corriendo el serio riesgo de convertirse en un mero formalismo y por ello una traba para el acceso al sistema judicial.

El Poder Ejecutivo hasta ahora ha realizado una actividad escasa o nula en potenciar la mediación, siendo una gran desconocida para la sociedad, y no

---

53 Real Decreto de 3 de febrero de 1881 por el que se aprueba el proyecto de reforma de la Ley Enjuiciamiento civil, Gaceta de Madrid, 36, de 5 de febrero de 1881. https://www.boe.es/buscar/doc.php?id=BOE-A-1881-813 (Consultado el 1 de mayo de 2025).

como se regula en el Anteproyecto reconociendo que se dará por realizada la medición en los supuestos de mediación obligatoria con las sesiones informativas que serán gratuitas y se podrá dar por intentada la mediación y cumplida la obligación legal justificando la asistencia a la misma o con la aportación del acta donde conste la inasistencia de alguna de las partes, sin ningún tipo de consecuencia. Con esta regulación sin una campaña informativa a gran escala y mantenida en el tiempo se estaría conformando la mediación obligatoria junto con el resto de actividades negociadoras como un paso burocrático más carente de contenido para acabar finalmente en la vía jurisdiccional.

Por todo lo anterior el informe del Consejo General del Poder Judicial se muestra contrario a la imposición de la mediación obligatoria previa para determinadas demandas al considerarla una traba para el acceso a la vía jurisdiccional, donde seguramente acaben las partes pero haciéndoles pasar previamente por un procedimiento de mediación vació realmente de su contenido (según el Anteproyecto analizado).

1.1.4.2. Dictamen Consejo de Estado

Este dictamen, aprobado el 17 de febrero de 2011, analizaba el texto del Anteproyecto de Ley de mediación en asuntos civiles y mercantiles, al cual le acompañan el Informe del Consejo Superior de Cámaras de Comercio, Industria y Navegación, de 14 de abril de 2010, que recoge que la mediación no solo es una exigencia, desde el punto de vista de aligerar la carga de trabajo de los órganos judiciales, si no que permite alcanzar una solución extrajudicial económica y rápida con más probabilidad de que los acuerdos alcanzados en la misma se cumplan voluntariamente y preserve la relación amistosa entre las partes, junto al anterior informe encontramos el Informe del Instituto Español para la Mediación, de 28 de abril de 2010, donde se hacen comentarios sobre la obligatoriedad de la mediación destacando su esencialidad pues si no "el proceso de mediación quedará marginal y no llegará a conseguir los objetivos a aligerar la carga judicial"[54].

A continuación el dictamen procede a analizar la Directiva, donde su artículo 3 prevé la mediación con carácter voluntario, siendo un medio alternativo de solución de controversias, pero donde el calificativo de alternativo no tiene por qué ser un sucedáneo de los procedimientos jurisdiccionales ni tampoco un instrumento para eludir el proceso judicial. No se pretende excluir la tutela judicial, sino de completarla. Estos sistemas son fruto de la sociedad civil con una base jurídica voluntaria, fundamentados en la autodeterminación y la autonomía que se reconocen los

---

54 Antecedente Segundo.

afectados, sin tener que acudir necesariamente a los tribunales, siendo esto un derecho pero no un deber del ciudadano, siendo estos medios alternativos de solución de controversias la respuesta para solucionar con agilidad los conflictos al margen del conflicto judicial sin el menoscabo de garantías. En este sentido COBAS COBIELLA indica "…que una de las funciones esenciales del Estado de derecho es la tutela judicial efectiva de los derechos de los ciudadanos y en el caso de la mediación facilita además de una tutela en sede de conflictos, potencia que sean los propios mediados los que acerquen posturas en este sentido, amén de ofrecer otras vías que conforman el sistema jurídico español. La tendencia moderna es por tanto un pluralismo de cauces de tutela"[55].

Pasando a analizar el principio de voluntariedad el dictamen manifiesta que el principio de voluntariedad no radica en el sometimiento o no a la mediación, sino sobre todo, en la decisión de las partes de permanecer en el proceso de mediación, y sobre todo, de alcanzar un acuerdo, opinión que comparto.

---

55 Vid. COBAS COBIELLA, M.E. "Transparencia en el procedimiento de mediación. Especial caso de la empresa familiar" en COBAS COBIELLA, M.E. et al *Equidad y… op. cit.*,p.203.

Continua el dictamen manifestando que la Directiva 2008/52/CE cuando se refiere a que la mediación es un procedimiento voluntario no lo dice tanto para su comienzo, sino más bien en el mantenimiento de la mediación una vez iniciada y para alcanzar el acuerdo.

Se reafirma con el Considerando (14) de la Directiva que recoge que "nada de lo dispuesto en la presente Directiva debe afectar a la legislación nacional que haga obligatorio el uso de la mediación o que la someta a incentivos o sanciones, siempre que tal legislación no impida a las partes el ejercicio de su derecho de acceso al sistema judicial", también lo hace con el artículo 5.2 que dice "La presente Directiva no afectará a la legislación nacional que estipule la obligatoriedad de la mediación o que la someta a incentivos o sanciones, ya sea antes o después de la incoación del proceso judicial, siempre que tal legislación no impida a las partes el ejercicio de su derecho de acceso al sistema judicial", y el artículo 6.2 Ley 5/2012 cuando habla del sometimiento a la mediación cuando existe un pacto previo que obligue a las partes a su sumisión se tendrá que iniciar la misma antes de acudir a la vía jurisdiccional, y el mismo artículo en su apartado tercero se trata la voluntariedad en lo referente a la permanencia en el procedimiento y en lo atinente a la solución ("nadie está obligado ni a mantenerse en el procedimiento de mediación ni a concluir un acuerdo").

Así ya pasando el dictamen al análisis del Anteproyecto que recoge en su artículo 1 "...dos o más partes intentan voluntariamente alcanzar por sí mismas un acuerdo..." se hace compatible la imposición inicial de la mediación, o la exploración de la misma en determinados procesos judiciales con el principio de voluntariedad, donde una vez impuesta el inicio de la misma, las partes pueden decidir mantenerse o no y llegar a acuerdos o no.

Cuando se habla del artículo 11 del Anteproyecto, al hablar de la voluntariedad el Anteproyecto afirma que "la mediación se organizará del modo que las partes tengan por conveniente" pese a establecerse reglas sobre la organización de la mediación, y a la voluntariedad en relación con la permanencia en el procedimiento.

El Anteproyecto en definitiva configura la mediación como voluntaria sin perjuicio de su obligatoriedad al inicio cuando lo prevea la legislación procesal, postura que avala el dictamen del Consejo de Estado.

No obstante el Consejero Permanente de Estado, D. José Luís Manzanares Samaniego realiza un voto particular de discrepancia en relación con la obligatoriedad de acudir a la mediación en determinados supuestos, y a la titulación exigida a los mediadores admitiendo formaciones que nada tienen que ver con el mundo del Derecho, más cuando se trata de una mediación obligatoria.

Continua el voto particular diciendo que la obligatoriedad en algunos supuestos para la Directiva no es un imperativo y sí sólo una opción, debiéndose examinar su procedencia a la vista de nuestro ordenamiento jurídico y siempre desde el avance efectivo en defensa de los derechos de los justiciables y no un retroceso respecto a la tutela judicial efectiva del artículo 24.2 de la CE. Considera que la mediación obligatoria redundaría en un menor trabajo de los órganos judiciales a cambio de crear un cuerpo funcionarial o similar cuyo mantenimiento, en último término sería a costa de los mediados.

Propone aumentar el número de jueces para atender cumplidamente la jurisdicción, para no desviar estos problemas contra la voluntad de los interesados hacia una alternativa, que de no tener éxito, retrasaría más aún la respuesta de los tribunales.

Reconoce que la Directiva acepta la mediación obligatoria pero no considera razonable que se excluya el principio de voluntariedad al comienzo de la mediación, no ya la sesión informativa gratuita, sino una sesión de mediación que conlleva unos gastos, comparándola con el tradicional acto de conciliación, exigidos en asuntos de cierta cuantía, se establezca la mediación obligatoria en los juicios verbales, incluso cuando se puedan cumplimentar con un impreso normalizado si la cuantía no supera los 900 euros.

Con la mediación obligatoria en materia civil y mercantil, continua, las partes deberán de ponerse de acuerdo sobre el mediador concreto y posible desembolso, no pudiéndose estar a la elección unilateral del justiciable más ágil.

En relación con la formación[56] exigida al mediador, se critica que para ejercer de mediador sea nece-

---

56 Un ejemplo de formación específica según el ámbito al que se dedique el mediador sería la que se estipuló en la derogada Ley Concursal 22/2003, de 9 de julio, concursal, ahora derogada, que en su artículo 233 fijaba que para ser mediador concursal se tenían que cumplir los requisitos para ser administrador concursal, recogidos en el artículo 27, es decir, tenía que ser un abogado, un economista, un titulado mercantil o un auditor de cuentas, con cinco años de experiencia profesional y una formación especializada en el ámbito mercantil, que haya hechos los cursos de formación necesarios para adquirir los conocimientos y las habilidades propios de los mediadores y que tenga cubierta su responsabilidad civil. Además tendrá que estar inscrito en el Registro de Mediadores y en instituciones de mediación. *Vid.* GÓRRIZ LÓPEZ, C. "Mediació Concursal" en MORENO OLIVER, F. et al,

sario: "estar en posesión de titulación universitaria de carácter oficial", en lugar de exigir que aquella tenga contenido jurídico en relación precisamente con las cuestiones civiles y mercantiles.

Finaliza su voto particular sintetizándolo en el problema que surge con la elección del mediador en las mediaciones obligatorias, que la mediación suponga un gasto contra la voluntad de los interesados, se circunscribe a los procesos de escasa cuantía y puede atentar contra el derecho fundamental a la tutela judicial efectiva, dificultando y retrasando el pronunciamiento jurisdiccional y por último sería necesario requerir titulación jurídica al mediador en cuestiones estrictamente jurídicas.

¿Qué se consigue con la imposición preceptiva previa de los MASC a la vía judicial? En primer lugar que las partes puedan recuperar la relación, el contacto directo entre ellas para intentar solucionar por sí mismas, en función del MASC, el conflicto, evitando la ruptura de relaciones personales por la resolución de la controversia por un tercero (incluido el árbitro) y salvaguardando las relaciones personales[57].

Bases de mediació, Universitat Autònoma de Barcelona, Bellaterra, 2014, p. 72.

57 Téngase en cuenta que la mediación cumple además entre muchas de sus funciones, la de potenciar la cultura de la

En segundo lugar, que al ser las partes las que han llegado por sí mismas a un acuerdo, a excepción del arbitraje, tengan plena consciencia del mismo y se evite acudir en mayor medida a los procedimientos ejecutivos[58].

Y en último lugar, para descongestionar la Administración de Justicia[59] en la medida de lo posible, pu-

---

paz en la sociedad. *Vid.* BARONA VILAR, S., "¿Qué y por qué la mediación?", en ORTEGA GIMÉNEZ, A., COBAS COBIELLA, M.E. et al *Mediación en el ámbito civil, familiar, penal e hipotecario, Cuestiones de actualidad,* Difusión Jurídica, Madrid, 2013, p. 45. En este sentido señala COBAS COBIELLA: "Por ello aparece con fuerza la mediación como uno de los instrumentos con más posibilidades de coadyuvar a las transformaciones en sede de justicia, pero con la salvedad si, queremos ser justos con la función e importancia que ha de tener y tiene la mediación, de que su objetivo, no ha de ser sólo descargar de trabajo a los jueces, sino que también constituye un instrumento poderoso, para transformar la mentalidad de la sociedad y fomentar otras vías de soluciones del conflicto" en COBAS COBIELLA, M.E., "La mediación y la autonomía… "op. cit. p. 85.

58 *Vid.* ORTIZ PRADILLO, J.C. "Análisis de los principios informadores de la mediación en materia civil y mercantil "[Internet], *Boletín de información del Ministerio de Justicia,* año LXV, Núm. 2135, Octubre 2011, p.8. https://revistas.mjusticia.gob.es/index.php/BMJ/issue/view/544 (Consultado el 1 de mayo de 2025).

59 Denuncia COBAS COBIELLA que "La justicia, tal como está en la actualidad es insuficiente para responder a la

diendo acudir a la misma si el MASC propuesto no ha conseguido acercar posturas entre los intervinientes y al final se tiene que acudir a la vía jurisdiccional para que un tercero, en este caso el juez, dé un fin al conflicto, que no quiere decir que por ello se solucione o no se perpetúe el mismo.

¿Supone un perjuicio excesivo el paso previo por mediación a la vía judicial? El derecho a la tutela judicial efectiva no tiene por qué ser un derecho inmediato, cuando en realidad a la práctica no lo es, ya que pese que en la actualidad se pueda presentar la demanda ante el órgano jurisdiccional directamente sin acudir previamente a la mediación, la obtención de la tutela judicial requerida se sitúa de media en el orden jurisdiccional civil para el año 2023 en España en más de once meses y medio[60] y de igual manera el pase previo por la mediación a la vía jurisdiccional no es un requisito que impida, retrase o dificulte a las partes su posterior acceso a la misma, no vulnerándose el derecho fundamental de tutela judicial efectiva del artículo 24 de nuestra Carta Magna, siendo como

---

tan ansiada tutela judicial efectiva, que propugna la Constitución española en su artículo 24". Vid. COBAS COBIELLA, M.E *Mediación en el...*op. cit., p.48.

60 Dato estadístico obtenido de la página web del Consejo General del Poder Judicial. https://acortar.link/RezxZv. (Consultado el 1 de mayo de 2025).

así valoró el Tribunal Constitucional el intento de conciliación vigente hasta 1984[61].

Resumiendo, el Consejo de Estado apoya la mediación obligatoria al entender que el principio de voluntariedad se aplica durante el desarrollo de la misma, en la voluntad de las partes en su mantenimiento, pero que la propia Directiva avala que la legislación nacional obligue a su inicio antes o durante el proceso judicial, siempre que no se prive posteriormente la vía jurisdiccional, como sería el caso del Anteproyecto, por el contrario el voto particular del Consejero Permanente de Estado, D. José Luís Manzanares Samaniego, entiende que el principio de voluntariedad rige desde el inicio, pese a que la propia Directiva no lo reconozca, postura que no comparto al tener que potenciar la mediación entre la sociedad civil, siendo la única manera, previa campaña publicitaria informativa sobre la mediación en todos los medios, de su práctica, al menos de manera inicial, y a medida que la sociedad conozca y se habitúe a su práctica se concertarán más acuerdos de mediación, en menos tiempo y menos coste que la obtención de una sentencia judicial, donde las partes habrán participado directamente en la formación del acuerdo con la ayuda de un mediador y sin la intervención de un tercero ajeno

---

61 STC 124/1988, Sala Segunda, de 23 de junio *(Tol 79.973)*.

que ponga con su decisión fin al conflicto, que no necesariamente solución.

Con el paso del tiempo la afirmación del informe del Consejo General del Poder Judicial quedó desfasada, en el sentido de que para realizarse la mediación sea necesario que se realice de manera plenamente voluntaria o se estaría vulnerando un derecho fundamental de nuestro Estado de Derecho como la tutela judicial efectiva, se ha pronunciado el Tribunal de Justicia de la Unión Europea en varias ocasiones, la primera mediante la Sentencia del tribunal de justicia (Sala Cuarta) de 18 de marzo de 2010[62] y la Sentencia del Tribunal de Justicia de la Unión Europea (Sala Primera) de 14 de junio de 2017[63] manifestando que el derecho de la Unión Europea no se opone a que una norma nacional pueda establecer, para determinados supuestos, donde la mediación sea un requisito de admisibilidad de la propia demanda judicial, pero en el bien entendido que dicha opción legislativa también debiera ser compatible con el obligado respeto del derecho a la tutela judicial efectiva, resolviéndolo así en su Fundamento 61:

---

62 STJUE C-317/2008, Sala Cuarta, de 18 de marzo de 2010, *(Tol 9.918.623)*.

63 STJUE C-75/2016, Sala Primera, de 14 de junio de 2017, (*Tol 6.162.808*).

> "Por tanto, la exigencia de un procedimiento de mediación como requisito de admisibilidad de las acciones judiciales puede ser compatible con el principio de tutela judicial efectiva cuando dicho procedimiento no conduce a una decisión vinculante para las partes, no implica un retraso sustancial a efectos del ejercicio de una acción judicial, interrumpe la prescripción de los correspondientes derechos y no ocasiona gastos u ocasiona gastos escasamente significativos para las partes, y siempre y cuando la vía electrónica no constituya el único medio de acceder a ese procedimiento de conciliación y sea posible adoptar medidas provisionales en aquellos supuestos excepcionales en que la urgencia de la situación lo exija".

Recientemente el Consejo General del Poder Judicial publicó el 18 de septiembre de 2024 en su página web una nueva versión de la Guía para la práctica de la mediación intrajudicial, donde mantiene que la mediación es voluntaria en todas sus fases, desde el inicio hasta el fin[64].

En otros ordenamientos jurídicos también se ha planteado la misma cuestión, en Chile el Tribunal Constitu-

---

64 Consejo General del Poder Judicial, Guía para la práctica de la mediación intrajudicial, [Internet], 18 de septiembre de 2024. https://www.poderjudicial.es/stfls/CGPJ/MEDIACI%C3%93N/FICHERO/20240918%20Gu%C3%ADa%20para%20la%20pr%C3%A1ctica%20de%20la%20mediaci%C3%B3n%20intrajudicial.pdf (Consultada el 22 de marzo de 2025).

cional Chileno[65] resolvió un recurso de inconstitucionalidad del artículo 43 de la Ley 19.966 que establecía el trámite de la mediación previa obligatoria a la vía judicial para acabar diciendo en su Considerando 22.° que la imposición previa del procedimiento de mediación no supone una infracción de los derechos constitucionales al entenderse una exigencia razonable, entendiéndose por razonable como necesaria, al ser un procedimiento asequible y simplificado en atención a la parte más débil, también es un procedimiento adecuado, al plantearse una reparación del daño por un procedimiento fácil y ágil y supone una requisito tolerable, al no impedir el acceso a la Administración de Justicia, solo lo posterga interrumpiendo la prescripción[66].

En cualquier caso, la discusión constitucional enriquecerá el debate sobre el alcance legítimo de las políticas públicas de desjudicialización y la promoción de la cultura del acuerdo.

---

65 Sentencia del Tribunal Constitucional Chileno, Rol. Núm. 807, de 10 de julio de 2012. https://www.tribunalconstitucional.cl/descargar_sentencia3.php?id=2042 (Consultado el 12 de febrero de 2025).

66 Vid. CORREA CAMUS, P. "La experiencia de la mediación familiar en Chile. Elementos para una política pública futura", *Revista Chilena de Derecho y Ciencia Política*, mayo-agosto 2014, Núm. 2, p. 117. https://dialnet.unirioja.es/descarga/articulo/4828164.pdf (Consultado el 7 de febrero de 2025).

1.2. Vías alternativas insertas en la vía jurisdiccional tradicional

1.2.1. Inserción de la mediación, conciliación y otros MASC en el proceso jurisdiccional civil

La reciente Ley Orgánica 1/2025, de 2 de enero, ha supuesto un hito en la integración de los medios adecuados de solución de controversias (MASC) dentro del proceso civil español. Tradicionalmente, la mediación, la conciliación y el arbitraje se consideraban vías alternativas al litigio, accesibles al margen de la vía judicial. Sin embargo, con esta reforma se evidencia un cambio de paradigma hacia la complementariedad: los MASC se incorporan ahora intraprocesalmente en diversas fases del procedimiento civil, con el objetivo de reducir la litigiosidad y fomentar soluciones consensuadas entre las partes.

Esta concepción plural del sistema de justicia ya fue apuntada por la doctrina, al señalar que un sistema de resolución de conflictos es más eficiente cuanto más diversidad de mecanismos ofrezca a los ciudadanos para gestionar sus controversias, con el menor coste y mayor satisfacción posibles[67]. En línea con esta idea, la Ley Orgánica 1/2025 introduce la

---

67 CARRETERO MORALES, E. *La mediación civil y mercantil en el sistema de Justicia*, Dykinson, Madrid, 2016, p. 59.

negociación previa como requisito de procedibilidad antes de la interposición de la demanda en la mayoría de procesos declarativos civiles (Libro II de la LEC) y en los procesos especiales del libro IV, salvo excepciones tasadas que veremos más adelante. Es decir, se exige a las partes que intenten de buena fe un acuerdo extrajudicial antes de acudir al tribunal[68]. Solo si esta gestión previa fracasa o resulta inaplicable, podrá iniciarse el proceso contencioso. Lejos de vaciar el proceso judicial, esta exigencia busca canalizar los asuntos susceptibles de transacción hacia vías más ágiles, reservando la intervención judicial para aquellos casos en que la negociación haya sido infructuosa. En palabras de la exposición de motivos de la Ley Orgánica 1/2025, se pretende "incentivar la resolución extrajudicial de conflictos, reducir la saturación de los

---

68 Antes de la preceptividad de un intento de negociación impuesto por la LO 1/2025, en supuestos flagrantes de abuso del sistema público de justicia hubieron juzgados que sancionaron a la parte actora por su mala fe procesal, téngase presente el ejemplo del Auto del Juzgado de Primera Instancia 52 de Barcelona de 26 de enero de 2015 *(Tol 4.778.545)* o el Auto del Juzgado de Primera Instancia 18 de Granada de 11 de noviembre de 2015, que envía a las partes a mediación. https://www.poderjudicial.es/search/AN/openDocument/1610a051747840b5/20160129 (Consultado el 1 de mayo de 2025).

juzgados y promover alternativas que descongestionen el sistema judicial", todo ello sin menoscabar el derecho fundamental de acceso a la justicia.

La inserción de los MASC se materializa en distintas fases procesales. En primer lugar, antes del proceso, mediante la ya referida actividad negociadora previa obligatoria. La ley prevé modalidades diversas de negociación previa (mediación, conciliación privada o ante el LAJ, oferta vinculante confidencial, etc.), de libre elección por las partes, siempre que quede constancia documental de haberse intentado alguna de ellas[69]. Ciertas materias quedan excluidas de este requisito (v.gr. tutela de derechos fundamentales, medidas del art. 158 CC, procesos de familia relativos a capacidad, filiación y menores, juicio cambiario, entre otros), atendiendo a razones de urgencia o indisponibilidad que justifican no demorar el acceso al juez[70].

---

69 *Vid.* arts. 5 a 8 de la Ley Orgánica 1/2025. La norma regula modalidades como la mediación, la conciliación ante el LAJ, la oferta vinculante confidencial y otros medios negociadores, permitiendo a las partes elegir el mecanismo que prefieran. En todo caso, debe quedar constancia documental del intento de solución (acta de sesión informativa de mediación, acta de conciliación, documento de oferta y respuesta, etc.) para acreditar el cumplimiento del requisito.

70 Ley Orgánica 1/2025, art. 5.3. Entre las excepciones al intento obligatorio de MASC se incluyen: asuntos que afec-

En segundo lugar, durante el proceso, la ley refuerza la posibilidad de derivación intrajudicial del litigio hacia un MASC. El nuevo art. 19.5 de la LEC (introducido por la Ley Orgánica 1/2025) faculta al tribunal para, en cualquier momento del procedimiento, invitar a las partes a mediar o someterse a otro método adecuado, siempre que mediante auto o providencia motivada aprecie que el caso es susceptible de solucionarse por esa vía (particularmente cuando no se haya podido cumplir la negociación preprocesal)[71]. Esta derivación intraprocesal requiere la conformidad de ambas partes; si acceden, pueden solicitar conjuntamente la suspensión del proceso judicial mientras se

---

ten a derechos fundamentales, medidas del art. 158 CC (protección urgente de menores o personas con discapacidad), procesos de adopción de apoyos a personas con discapacidad, litigios sobre filiación o sustracción internacional de menores, el juicio cambiario y los procedimientos posesorios sumarios (desahucios por ocupación, etc.). La justificación es evitar que la demora por negociar perjudique la tutela urgente que estos casos requieren.

71 GARRIGUES, “Publicada la nueva Ley Orgánica que modifica la organización judicial e introduce la obligación de los MASC”, [en línea] *Resolución de conflictos: Litigación y Arbitraje,* enero 2025, pp. 3-4. https://www.garrigues.com/sites/default/files/ noticias/files/20250103_ley-organica-eficiencia-organizativa.pdf (Consultado el 27 de abril de 2025).

desarrolla la mediación o mecanismo elegido[72]. Asimismo, se contempla la promoción especial de los MASC tratándose de litigios que afecten a personas mayores o vulnerables, donde una solución consensuada puede ser más adecuada a sus intereses (art. 19.5 LEC)[73].

Finalmente, incluso tras el proceso, los MASC tienen cabida: la reforma permite que, iniciada la fase de ejecución de sentencia, las partes puedan recurrir voluntariamente a mediación u otro medio adecuado para resolver sus discrepancias en la ejecución. A tal efecto, se ha añadido el apartado 1.º al art. 565 de la

---

72 Art. 19.4 de la Ley de Enjuiciamiento Civil (modificado por Ley 1/2025). Se establece expresamente que, acordada por el tribunal la derivación a mediación u otro MASC, esta solo podrá llevarse a cabo con la conformidad de todas las partes. Si alguna parte no acepta, la derivación no procede y el proceso continúa. Esta exigencia de acuerdo unánime asegura la voluntariedad del sometimiento a MASC durante el proceso judicial (garantizando el respeto al art. 24 CE).

73 La adición del apartado quinto al artículo 19 de la LEC indica que el tribunal valorará especialmente promover MASC cuando alguna parte sea persona mayor de edad avanzada. Se conecta con el art. 7 bis LEC (introducido por la misma reforma), que tutela a los litigantes con discapacidad o mayores, fomentando soluciones más adaptadas a sus necesidades.

LEC, autorizando la suspensión del procedimiento de ejecución si las partes deciden someter sus diferencias ejecutorias a un MASC[74]. En definitiva, la mediación y afines dejan de ser ajenos al proceso para integrarse en él como instrumentos coadyuvantes: ya sea evitando el pleito (en la fase previa), interrumpiendo su curso para facilitar un acuerdo (fase *pendente litis*) o incluso después de la sentencia para resolver conflictos surgidos en su ejecución.

Conviene subrayar que, pese a esta institucionalización, la naturaleza voluntaria de la solución final mediante MASC permanece intacta. La ley exige intentar la negociación, pero no impone lograr un acuerdo ni someterse forzosamente a la decisión de un tercero (salvo que las partes voluntariamente opten por un arbitraje vinculante). La mediación, en particular, sigue basándose en el consenso: las partes conservan

---

74 Art. 22 de la LO 1/2025, apartado cuarenta y siete: modificación del art. 565 de la LEC. El nuevo art. 565.1 LEC dispone que "iniciado el proceso de ejecución, las partes podrán solicitar de común acuerdo la suspensión del mismo para someter sus discrepancias a mediación o a otro medio adecuado de solución de controversias". Esta posibilidad normativa busca que, incluso tras dictada sentencia, las partes tengan la opción de negociar su cumplimiento en mejores términos (por ejemplo, pactar plazos de pago, etc.), descongestionando la fase de ejecución.

en todo momento el poder de aceptar o rechazar el acuerdo propuesto. Por tanto, la incorporación de estos mecanismos al proceso civil español se ha diseñado respetando el equilibrio entre fomentar vías pacíficas de solución y no desvirtuar la esencia dispositivo-voluntaria de los MASC.

1.2.2. Encaje de los MASC con los principios procesales y tutela judicial efectiva (art. 24 CE)

La reforma planteada por la LO 1/2025 ha suscitado un importante debate dogmático sobre su compatibilidad con el derecho fundamental a la tutela judicial efectiva consagrado en el art. 24 de la Constitución Española.

Este precepto garantiza a todos el derecho a obtener una resolución judicial sobre sus pretensiones legítimas, sin indefensión. Imponer trámites previos obligatorios antes de permitir el acceso a los tribunales podría parecer, en principio, una restricción de ese derecho. No obstante, la jurisprudencia constitucional ha admitido tradicionalmente la validez de ciertos presupuestos procesales o requisitos de admisibilidad, siempre que persigan fines legítimos y no priven en última instancia al justiciable de acudir al juez.

El Tribunal Constitucional, ya desde sus primeras sentencias, ha reiterado que el derecho de acceso a la jurisdicción no es absoluto y puede someterse a condicionamientos razonables y proporcionados que no afecten a su contenido esencial y ha avalado la legalidad de imponer mecanismos alternativos a la vía jurisdiccional siempre que del fracaso de los mismos derive la apertura de la vía judicial ordinaria. Por ejemplo, en materia de consumo se ha analizado la compatibilidad de la mediación o el arbitraje obligatorio *ope legis* con el art. 24 CE, concluyendo que no se vulnera la tutela judicial efectiva siempre que se garantice posteriormente el acceso a un juez para revisar el fondo del conflicto si la solución alternativa no prospera o resulta insatisfactoria[75].

---

75 *Vid.* PÉREZ DAUDÍ, V. "La imposición de los ADR *ope legis* y el derecho a la tutela judicial efectiva", [en línea] *InDret*, n.º2/2019, pp. 5-8. https://indret.com/wp-content/uploads/2019/07/1462.pdf (Consultado el 1 de mayo de 2025). Este estudio doctrinal examina comparativamente la jurisprudencia del TJUE, TC español y la Corte Constitucional italiana sobre la obligatoriedad de medios alternativos. Concluye que es constitucional imponer un ADR (incluso arbitraje) siempre que posteriormente exista la posibilidad de control judicial sobre el fondo del asunto. Cita la STC 352/2006, de 14 de diciembre, donde el TC avaló un arbitraje obligatorio, así como la Sentencia Alassini del TJUE (C-317/08) que validó la mediación obligatoria en telecomunicaciones en Italia (siempre que no impida acudir al juez a quien no alcanza acuerdo).

En este contexto, la LO 1/2025 ha sido cuidadosamente diseñada para superar el escrutinio de constitucionalidad, inspirándose también en las directrices del Derecho de la Unión Europea. El Tribunal de Justicia de la UE, al interpretar el derecho equivalente de acceso a la justicia (art. 47 de la Carta de Derechos Fundamentales), ha declarado que los Estados pueden establecer sistemas de mediación obligatoria *ex ante* si cumplen ciertos requisitos: que no supongan un retraso indebido, que no den lugar a costes prohibitivos y, sobre todo, que no impidan posteriormente acudir a los tribunales si la mediación fracasa[76].

Estas premisas han sido acogidas por el legislador español. Por un lado, el intento de solución amistosa pre-

---

76 STJUE C-317/2008, Sala Cuarta, de 18 de marzo de 2010, *(Tol 9.918.623)*, apartados 61-67. En este caso, el Tribunal de Justicia consideró que el régimen italiano que exigía intentar una conciliación en las controversias de telefonía era compatible con el derecho a la tutela judicial (art. 47 CDFUE), porque: i) no privaba del derecho a los tribunales sino que lo condicionaba temporalmente; ii) el procedimiento conciliador era breve (máx. 30 días) y suspendía la prescripción; iii) no generaba costes considerables para las partes; iv) existían causas de exención en supuestos justificados. Estos criterios se han tomado como estándar de "mínimos" que debe reunir cualquier mediación obligatoria para ser respetuosa con el derecho de acceso a la justicia.

via está temporalmente limitado (la ley señala un plazo máximo —generalmente tres meses— para desarrollar la actividad negociadora, tras lo cual las partes pueden darla por concluida e interponer la demanda)[77]. De este modo, no se dilata indefinidamente el ejercicio del derecho al proceso. Por otro lado, la propia Ley Orgánica 1/2025 prevé múltiples excepciones al requisito de procedibilidad, excluyendo su aplicación en aquellos supuestos donde podría comprometer derechos fundamentales o donde la urgencia hace intolerable la demora (como vimos: protección de menores, derechos fundamentales, etc.). Con ello se pretende que el filtro de los MASC no impida la tutela judicial en casos especialmente sensibles. Y, fundamentalmente, la norma asegura que, si la negociación previa no culmina en acuerdo, el ciudadano podrá acceder sin trabas al juzgado competente. Basta con acreditar documentalmente haber intentado la mediación (u otro medio) o, en su caso, la negativa injustificada de la parte contraria a participar, para que el tribunal admita a trámite la

---

77 La LO 1/2025 prevé que, iniciada la actividad negociadora previa, los plazos de prescripción se interrumpen y los de caducidad se suspenden mientras dure aquella, con un máximo de tres meses. Transcurrido ese plazo sin acuerdo, o antes si las partes dan por terminada la negociación, puede interponerse la demanda. Así se evita que la obligación de negociar se convierta en un retraso excesivo o táctico.

demanda. La tutela judicial efectiva queda así preservada: el juez no rehúye su función, sino que se difiere su intervención hasta que se constate que la solución autocompositiva no ha sido posible.

La jurisprudencia del Tribunal Supremo también se ha pronunciado en sintonía con estos principios, especialmente en relación con la voluntariedad de la mediación intrajudicial. El TS ha enfatizado que cualquier derivación a mediación en el curso de un proceso debe ser entendida como una invitación u ofrecimiento a las partes, nunca como una obligación coactiva que les impida proseguir el pleito si así lo desean. De hecho, antes de la reforma legal, la Sala Primera del Supremo ya había señalado que la mediación, por muy recomendable que sea, no puede suprimir el derecho de las partes a obtener una sentencia sobre el fondo del asunto, pues ello supondría una renuncia forzosa a la tutela judicial.

Por tanto, los jueces deben promover los MASC con tacto, asegurándose de que las partes consienten libremente y de que están informadas de su derecho a retomar el procedimiento contencioso en caso de no lograr un acuerdo satisfactorio en la vía mediadora.

En suma, desde una perspectiva dogmática, el encaje de los MASC en el proceso civil español se ha articulado respetando las garantías constitucionales: se incentiva la solución dialogada pero se mantiene incólume la posibilidad de acudir al juez, garantizando así el núcleo duro del art. 24 CE. Los tribunales (TC y TS) coinciden en que estos mecanismos adecuados son perfectamente compatibles con el derecho a la tutela judicial efectiva, siempre que su uso sea consentido o reversible, evitando toda situación de indefensión.

1.2.3. Funciones de los jueces en la derivación intrajudicial a MASC

En primer lugar, corresponde al juez (o al Letrado de la Administración de Justicia, según los casos) valorar la idoneidad del caso para una mediación. No todo litigio es mediable; el juez, conocedor de la materia litigiosa y de la postura de las partes tras la fase inicial, está en posición de discernir si concurren circunstancias propicias para un acuerdo.

La Guía para la práctica de la mediación intrajudicial[78] destaca que es el juez o LAJ quien debe "evaluará en cada caso el momento procesal más idóneo para hacer esta derivación", teniendo en cuenta factores como la naturaleza del conflicto, la disposición de las partes y la existencia de elementos relacionales que aconsejen intentar una solución cooperativa. Por ejemplo, en asuntos de familia con alto contenido emocional, o en

---

78 *Consejo General del Poder Judicial, Guía para la práctica*...op. cit.

litigios entre vecinos, empresas con relaciones comerciales continuadas, etc., el juez puede apreciar que una mediación sería beneficiosa para reconducir la comunicación entre las partes y alcanzar un arreglo más satisfactorio que una sentencia impuesta.

En cambio, en casos donde una parte busca claramente un precedente judicial o donde la relación está totalmente rota, la mediación quizá no prospere. Esta labor de *screening* inicial por parte del juzgador resulta esencial para destinar los escasos recursos de mediación a asuntos con verdaderas posibilidades de acuerdo.

Una vez decidido que el caso es apropiado para mediación, el juez debe proponer formalmente la derivación a las partes. Según el nuevo art. 19 LEC, podrá hacerlo mediante resolución motivada (auto o providencia), que incluso puede dictarse oralmente en una comparecencia o audiencia previa.

En la práctica, lo común será que en la audiencia previa del proceso ordinario, o en la vista del verbal, el juez plantee a las partes y sus abogados la opción de suspender el procedimiento e intentar una mediación. Es importante que el juez explique claramente las ventajas potenciales (rapidez, menor coste emocional y económico, soluciones creativas, etc.) para vencer posibles reticencias. Sin embargo, debe quedar claro que se trata de una invitación: la derivación intrajudicial requiere por ley el consentimiento de ambas partes.

Si alguna de ellas se opone, el proceso judicial seguirá su curso normal. Aquí la función del juez es más de persuasión y de generar confianza en el proceso mediador que de coacción. La Guía del CGPJ recomienda incluso que, cuando sea viable, el juez o LAJ mantenga una reunión informal con los abogados de las partes antes de la derivación, para "desactivar posibles resistencias y asegurar la proactividad de los asesores jurídicos" en favor de la mediación. Esto demuestra que el rol judicial es también pedagógico: impulsar un cambio cultural en los operadores jurídicos hacia una visión no confrontativa del conflicto.

Si las partes aceptan la propuesta, el juez (o LAJ) dictará una providencia o decreto de derivación a mediación, dejando constancia en autos de dicho acuerdo y de la suspensión de plazos procesales. En esta resolución suele ordenarse al Servicio Común de Mediación (si existe en el partido judicial) que organice una sesión informativa con las partes. El seguimiento posterior del proceso mediador corresponde a ese servicio o al mediador designado, y el juez se mantiene al margen del contenido de las sesiones para preservar la confidencialidad. No obstante, el órgano judicial no queda totalmente desvinculado: recibirá comunicación del inicio de la mediación y, posteriormente, del resultado (acuerdo total, parcial o sin acuerdo). Si hay acuerdo, las partes pueden solicitar su homologación judicial para dotarlo de eficacia de cosa juzgada y título ejecutivo (art. 517.2.2.º LEC); si no lo hay, el proceso judicial se reanuda en el punto donde se suspendió, sin penalización para las partes por haber intentado negociar. La Ley Orgánica 1/2025 introduce aquí una novedad relevante: consecuencias en materia de costas procesales. En concreto, se establece que no se condenará en costas a favor de aquella parte que hubiera rehusado sin justificación participar en un MASC acordado o preceptivo durante el proceso. Es decir, si el juez ofreció mediar y ambas partes aceptaron, pero luego una de ellas no acudió de mala fe, el juez podrá tenerlo en cuenta al resolver las costas, negándole el reembolso incluso si esa parte vence en el litigio. Del mismo modo, en caso de estimación parcial de la demanda, la ley permite al juez imponer costas a la parte que injustificadamente no acudió a la mediación cuando esta era preceptiva o acordada (nuevo art. 394 LEC). Estas medidas refuerzan el papel del juez para dar eficacia a la derivación: aseguran que la invitación a mediar se tome en serio y que no se utilice estratégicamente para dilatar el proceso. No obstante, el juez habrá de apreciar caso por caso qué constituye "justa causa" para negarse a mediar (por ejemplo, situaciones de violencia, enormes desequilibrios de poder entre las partes, etc., podrían justificar la negativa). En suma, el juez actúa como guardián del *fair play* del procedimiento: primero como catalizador que desvía el caso al canal adecuado (judicial o mediador) y luego como garante de que esa derivación no se frustre por comportamientos abusivos de las partes.

Por último, cabe señalar la nueva función de los jueces en cuanto a la validación de acuerdos alcanzados en MASC. Si la mediación concluye con avenencia, el acuerdo puede ser elevado a escritura pública o presentado al juez para su homologación. En asuntos contenciosos ya judicializados, suele preferirse la homologación por auto, lo que le confiere eficacia de cosa juzgada y ejecutividad directa. El juez revisará superficialmente que el acuerdo no sea contrario a derecho ni lesivo para terceros (especialmente en materias como familia, donde velará por el interés de menores implicados). Esta labor de control de legalidad es limitada, pues se respeta la autonomía de la voluntad de las partes en los términos pactados. Pero implica otra faceta práctica: el juez se convierte, en cierto modo, en garante último de que la solución alcanzada por la vía amistosa pueda integrarse en el ordenamiento jurídico y ejecutarse forzosamente si alguna parte incumple lo pactado. Con ello se cierra el círculo de colaboración entre justicia formal y justicia consensual, reforzando la idea de un proceso civil con múltiples puertas de salida, pero convergentes en la tutela efectiva de los derechos.

1.2.4. Guía para la práctica de la mediación intrajudicial: aplicación y valor práctico

La Guía para la práctica de la mediación intrajudicial elaborada por el Consejo General del Poder Judicial (CGPJ) —aprobada inicialmente en 2016 actualizada por última vez en 2024 y difundida a los tribunales— ha sido una herramienta fundamental para integrar los MASC en la rutina judicial.

Aunque antecede a la Ley Orgánica 1/2025, muchos de sus criterios y buenas prácticas han sido ahora recogidos por el legislador. La Guía del CGPJ proporciona a jueces y tribunales un protocolo detallado sobre cómo derivar casos a mediación, gestionar las suspensiones, coordinar con los servicios de mediación y preservar las garantías procesales. Su valor práctico ha quedado demostrado en múltiples experiencias piloto de mediación intrajudicial desarrolladas en distintos partidos judiciales durante la última década (en ámbitos civil-familiar, mercantil e incluso penal). Estos proyectos, auspiciados por el CGPJ, sirvieron de laboratorio para afinar los procedimientos que luego la Guía sistematizó.

Entre los aportes más relevantes de la Guía está la definición clara de roles y responsabilidades en la mediación intrajudicial. Se destaca que la mediación, aun cuando se desarrolle bajo el paraguas del proceso judicial, debe mantener los principios de voluntariedad, confidencialidad, neutralidad e imparcialidad propios de este método. El documento insiste en que la participación de las partes es voluntaria en todo momento: incluso si el juez deriva el asunto, las partes pueden desistir de la mediación cuando lo deseen, sin necesidad de justificar su decisión. Este recordatorio refuerza la idea de que la mediación intrajudicial no puede transformarse en una "mediación forzosa".

Asimismo, la Guía pone el acento en la confidencialidad: todo lo discutido en las sesiones de mediación es secreto y no trasladable al expediente judicial, a fin de que las partes negocien con libertad. El mediador solo comunicará al juzgado datos mínimos: si hubo o no acuerdo, o si alguna parte no compareció a la sesión informativa inicial. De hecho, la Guía advierte que la falta injustificada de una parte a la sesión informativa puede considerarse un incumplimiento de la buena fe procesal por desaprovechar una oportunidad de solución ofrecida por el tribunal. Este reproche, aunque no tenga una sanción procesal directa más allá de las costas como vimos, sirve de pauta de comportamiento para litigantes y abogados.

La Guía del CGPJ también estandariza el procedimiento de derivación. Por ejemplo, aporta modelos de resolución motivada para derivar a mediación, textos explicativos para entregar a las partes, y modelos de acta de constitución y de finalización de la mediación intrajudicial. Esto ha facilitado la labor de los juzgados, que cuentan con formularios prediseñados para implementar la derivación sin dilaciones. Igualmente, recomienda qué momento procesal es más oportuno para derivar: en primera instancia, tras la contestación a la demanda y antes de practicar prueba (fase intermedia), mientras que en segunda instancia sugiere que se valore derivar en cuanto llega el rollo a la Audiencia Provincial, antes de fijar vista. Son orientaciones prácticas que buscan integrar la mediación en la dinámica del procedimiento sin que ello suponga desorden ni retrasos innecesarios.

De hecho, gracias a la guía, en muchos juzgados se estableció la rutina de que, al señalar las vistas, el LAJ consultase a las partes sobre su disposición a mediar, e incluso se programasen días de la semana dedicados a sesiones informativas de mediación, coordinando la agenda judicial con la de los mediadores. Este tipo de coordinación ha demostrado ser valiosa: allí donde se ha aplicado (por ejemplo, en experiencias en Asturias, Cataluña, Murcia[79], etc.), se reportaron tasas

---

79 *Vid.* CONSEJO GENERAL DEL PODER JUDICIAL, «Más de la mitad de las familias que se someten a mediación tras un divorcio llegan a un acuerdo» [en línea], (19 de enero de 2024) https://www.poderjudicial.es/cgpj/es/Poder-Judicial/Tribunales -Superiores-de-Justicia/TSJ-Region-de-Murcia/Oficina-de-Comunicacion/Ar-

significativas de acuerdos, reduciendo consecuentemente la carga de trabajo judicial.

El valor práctico de la Guía se evidencia asimismo en cómo aborda los posibles obstáculos de la mediación intrajudicial. Entre ellos, la reticencia inicial de algunos abogados y operadores jurídicos, acostumbrados a la litigación tradicional. Para contrarrestarlo, la Guía aconseja realizar sesiones informativas no solo con las partes, sino también con sus letrados, de forma que estos conozcan el funcionamiento de la mediación y la respalden.

También se ocupa de cuestiones logísticas: insta a los tribunales superiores de justicia y a los decanatos a crear Unidades de Mediación Intrajudicial (UMI) o puntos de mediación en sede judicial, dotados de personal coordinador. Estas unidades actúan como enlace entre el juzgado y los mediadores: reciben las derivaciones, asignan mediadores cualificados, reservan salas en los juzgados para las sesiones, hacen el seguimiento temporal (recordando al juez si transcurre el plazo acordado sin noticias) y recaban estadísticas. Tal estructura organizativa, recomendada por el CGPJ, ha sido implementada en varias ciu-

---

chivo-de-notas-prensa/Mas-de-la-mitad-de-las-familias-que-se-someten-a-mediacion-tras-un-divorcio-llegan-a-un-acuerdo (Consultado el 28 de abril de 2025).

dades con resultados positivos, logrando institucionalizar la mediación intrajudicial como un servicio más del órgano judicial.

Precisamente la LO 1/2025 ha recogido esta idea, previendo la creación de Oficinas de Justicia con secciones especializadas en MASC para apoyar a jueces y LAJs en estas tareas de gestión de la mediación (cfr. Art. 438 LOPJ modificado). Ello muestra cómo la praxis recogida en la Guía ha inspirado cambios normativos formales.

En conclusión, la Guía de mediación intrajudicial del CGPJ ha sido un instrumento prelegislativo fundamental que anticipó y preparó el terreno para la incorporación generalizada de los MASC al proceso civil. Su aplicación ha tenido un notable valor práctico, permitiendo unificar criterios a nivel nacional, formar a jueces y letrados de la Administración de Justicia en la derivación a mediación, y, en definitiva, demostrar que la coordinación entre la justicia tradicional y la mediación es posible y beneficiosa.

Tras la entrada en vigor de la LO 1/2025, la Guía seguramente será actualizada para adaptarse al nuevo marco legal, pero sus principios rectores (voluntariedad, información, confidencialidad, colaboración institucional) seguirán siendo la piedra angular para el éxito de la mediación intrajudicial en España.

1.2.5. Rol de los profesionales jurídicos (abogacía, procura y LAJs) en coordinación con los MASC

La efectiva implementación de los MASC dentro del proceso civil requiere el compromiso y la implicación de los profesionales del Derecho que intervienen en él, principalmente los abogados y procuradores de las partes y los Letrados de la Administración de Justicia (en adelante LAJs, antiguos secretarios judiciales). Cada uno tiene asignadas funciones específicas para asegurar que la coexistencia del proceso judicial y la mediación (u otro MASC) sea fluida y eficaz.

En cuanto a la abogacía, su rol ha evolucionado desde una posición tradicionalmente adversarial hacia una más orientada a la resolución integral de conflictos. El abogado ya no es solo un litigante, sino también un asesor en MASC[80]. La normativa vigente —tanto la Ley 5/2012 de mediación en asuntos civiles y mercantiles como la nueva LO 1/2025— impone a los abogados el deber de informar y aconsejar a sus

---

80 Consejo General de la Abogacía Española, *Guía sobre la regulación de los MASC en la ley orgánica 1/2025, de 2 de enero, de medidas de eficiencia del servicio público de justicia.* [en línea] https://www.abogacia.es/wp-content/uploads/2025/04/GUIA_MASC_CONSEJO_GENERAL_ABOGACIA.pdf (Consultado el 7 de mayo de 2025).

clientes sobre la posibilidad de recurrir a mecanismos alternativos.

Esto significa que, al plantearse un litigio, el letrado debe explicar al cliente las ventajas de intentar un acuerdo mediado, los costes comparativos, y las implicaciones que tiene incluso para las costas procesales el no hacerlo. De hecho, la propia LO 1/2025 establece que las partes podrán acudir a cualquier MASC asistidas de abogado, y prevé que en ciertos medios (p. ej. la oferta vinculante) la asistencia letrada sea preceptiva en cuantías superiores a 2.000 euros para garantizar el asesoramiento jurídico adecuado. Por consiguiente, el abogado se convierte en garante de los derechos de su cliente también en el ámbito de la mediación: debe velar porque cualquier acuerdo al que se llegue no vulnere los intereses de su representado, que esté redactado con claridad y sea ejecutable, etc.

Durante el desarrollo de la mediación intrajudicial, es habitual que los abogados acompañen a las partes a las sesiones (especialmente a la primera, de información). Su presencia, lejos de ser un obstáculo, puede ser muy útil para aportar seguridad jurídica a las partes y para ayudar a concretar las posibles soluciones en términos legales precisos. La Guía del CGPJ recomienda la participación activa y colaborativa de los letrados en el proceso mediador, manteniendo una actitud constructiva más que confrontativa. En la práctica, se ha constatado que cuando los abogados entienden la mediación y la apoyan, las probabilidades de éxito aumentan notablemente, pues son ellos quienes ayudan a sus clientes a ceder en lo accesorio y encontrar puntos de encuentro. Además, tras un acuerdo, serán los abogados quienes formalicen jurídicamente los pactos alcanzados (por ejemplo, incorporándolos a un convenio regulador en caso de divorcio de mutuo acuerdo, o a un contrato transaccional en caso mercantil) y soliciten su homologación judicial.

Podemos afirmar que la abogacía ha pasado de ver los MASC con recelo a asumirlos como parte de su función: hoy un buen abogado procesalista es también un negociador hábil, capaz de alternar la estrategia de tribunales con la búsqueda de pactos cuando conviene al cliente. La LO 1/2025 refuerza esta expectativa, al punto de que muchos colegios de abogados han intensificado la formación de sus colegiados en técnicas de mediación, conscientes de que el nuevo panorama jurídico lo exige.

Por su parte, los Letrados de la Administración de Justicia (LAJs) desempeñan un papel institucional insoslayable en la coordinación con los MASC. Tradicionalmente encargados de la gestión procesal y fe pública judicial, los LAJs ahora asumen competencias directas tanto en la fase previa como durante la derivación intrajudicial.

En la fase preprocesal, en los actos de conciliación previa (regulados en la Ley de Jurisdicción Voluntaria 15/2015) el LAJ actúa como autoridad ante la cual las partes pueden intentar un arreglo antes del juicio. Con la reforma de 2025, es previsible que aumente el número de solicitudes de conciliación ante LAJ, pues constituye una vía formal y rápida de cumplir con el requisito de negociación previa, asistidos por un funcionario imparcial. De igual modo, en la nueva oferta de acuerdo extrajudicial regulada por la ley, el LAJ puede intervenir dando fe de las propuestas intercambiadas.

En todos estos trámites, su función es esencialmente notarial y de impulso procesal: levantar actas, dejar constancia del resultado (acuerdo o sin acuerdo) y expedir los certificados necesarios para acreditar el intento de arreglo (documento que luego se adjuntará a la demanda). Esta documentación es la que examinará el juez al decidir sobre la admisión de la demanda; por tanto, el LAJ cumple aquí un cometido de *gatekeeper*, verificando que se haya intentado un MASC cuando era exigible.

Dentro del proceso judicial, los LAJs también tienen protagonismo en la derivación a mediación. El LAJ, de acuerdo con el artículo 440 de la LEC "informará a las partes de la posibilidad de recurrir a una negociación para intentar solucionar el conflicto, incluido el recurso a una mediación, en cuyo caso aquéllas indicarán en la vista o antes de ella su decisión al respecto y las razones de la misma". Si las partes se muestran receptivas, el LAJ puede hacer constar en acta su voluntad de mediar y, mediante decreto, derivar el asunto al servicio de mediación (cuando la legislación delega en él esta competencia, como podría interpretarse del nuevo art. 19 LEC que habla genéricamente de "el tribunal", término que la LEC equipara a juez o LAJ según funciones).

En cualquier caso, toda resolución de derivación ha de ser notificada a las partes y es recurrible en reposición si alguna la considera improcedente, aunque en la práctica esto no suele ocurrir ya que la derivación requiere su acuerdo expreso. Durante el desarrollo de la mediación, el LAJ permanece como enlace con el mediador designado. Por ejemplo, si transcurrido el plazo pactado el mediador no ha informado del resultado, el LAJ puede requerirle esa información, para evitar dilaciones.

También será el LAJ quien, recibido el informe final de la mediación, provea lo pertinente: bien archivar el proceso si hay acuerdo homologado, bien alzar la suspensión y continuar la tramitación si no lo hubo. Incluso en caso de acuerdo parcial, el LAJ lo hará constar para que el juicio continúe solo respecto de las cuestiones no resueltas en mediación. Todo ello exige una coordinación y diligencia significativa de estos profesionales, que actúan de bisagra entre el expediente judicial y el expediente de mediación.

También los LAJs, a menudo encargados de las oficinas judiciales, recopilan datos sobre cuántos asuntos se derivan a MASC, cuántos acuerdos se logran, tiempos medios, etc. Esta información es valiosa para el CGPJ y las administraciones, de cara a evaluar el impacto de la mediación intrajudicial. En muchas circunscripciones, los LAJs decanos han firmado convenios con colegios de abogados, procuradores o instituciones de mediación para poner en marcha servicios intrajudiciales.

Su liderazgo ha sido determinante para vencer inercias burocráticas y proveer espacios físicos y horarios adecuados para la mediación en sede judicial. Cabe mencionar que la Propuesta de Unificación de Criterios sobre MASC suscrita en 2025 por el Colegio Nacional de LAJs subraya la necesidad de protocolos uniformes en todos los juzgados, precisamente para que la actuación de los LAJs sea homogénea en la derivación a MASC[81]. Esto incluye desde cómo verificar

---

81 Ilustre Colegio de Nacional de Letrados de la Administración de Justicia, *Propuesta de unificación de criterios sobre la in-*

el cumplimiento de la negociación previa al admitir la demanda, hasta modelos de decretos de derivación o de diligencias de constancia de incomparecencia a la sesión mediadora.

En definitiva, tanto procuradores y abogados como LAJs han asumido nuevos roles proactivos en el contexto de los MASC. La coordinación entre ellos es igualmente fundamental: por ejemplo, cuando las partes alcanzan un acuerdo, los abogados suelen remitir al LAJ el texto firmado para que este eleve el acuerdo al juez o lo incorpore al expediente, acelerando su homologación. Asimismo, los LAJs cuentan con los abogados para que preparen a las partes de cara a las sesiones de mediación (explicándoles que deben asistir con ánimo negociador, con propuestas viables, etc.). Esta labor conjunta redunda en una mayor efectividad del proceso mediador.

Como corolario, podemos afirmar que la incorporación de la mediación y otros MASC al proceso civil español, impulsada normativamente por la Ley Orgánica 1/2025, representa un cambio de cultura

---

cidencia procesal de los medios adecuados de solución de controversias (MASC) en el orden jurisdiccional civil, [en línea] https://letradosdejusticia.es/wp-content/uploads/2025/04/Propuesta-unificacion-de-criterios-MASC-LO-1-25-CEI-CNLAJ.pdf (Consultado el 7 de mayo de 2025).

jurídica en el que todos los operadores jurídicos están involucrados. Desde la perspectiva doctrinal, se compatibiliza plenamente con el derecho a la tutela judicial efectiva, y en la práctica forense supone redefinir las funciones del juez, del LAJ, de los abogados y procuradores hacia modelos más cooperativos. La experiencia hasta ahora muestra resultados prometedores en términos de acuerdos alcanzados y descongestión judicial. No obstante, el éxito definitivo de esta reforma dependerá en gran medida de la asunción de este nuevo paradigma por parte de la comunidad jurídica, consolidando la idea de que la justicia no es solo sinónimo de sentencia, sino también de soluciones consensuadas con el mismo valor jurídico. El sistema procesal civil español, sin renunciar a sus garantías, se abre así a la modernidad de los MASC, conjugando dogmática y praxis en beneficio de una justicia más eficiente, humana y accesible.

Ley Orgánica 1/2025, nueva redacción del art. 394.1 de la LEC. Según la reforma, en materia de costas: "No se impondrán costas a favor de la parte que hubiere rehusado, expresa o tácitamente y sin causa justificada, participar en un MASC al que hubiese sido convocada, cuando acudir a éste fuese preceptivo o se hubiera acordado por el tribunal durante el proceso". Asimismo, se añade un apartado al art. 395 LEC para permitir imponer costas a la parte que rechazó sin justificación un acuerdo o MASC propuesto y luego resulta vencida parcialmente en el pleito.

Estas medidas sancionatorias evidencian la intención de la ley de incentivar seriamente la utilización de los MASC durante el litigio (bajo pena de cargar con las costas si se obstaculizan injustificadamente).

Capítulo II
Los principios esenciales de la mediación y del resto de MASC

SUMARIO: 1. LOS PRINCIPIOS ESENCIALES DE LOS MASC. 1.1. Prioridad del Principio de la autonomía de la voluntad. 1.2. Idoneidad de los Principios de la buena fe, lealtad y respeto mutuo desde su coordinación unitaria. 1.3. La presencialidad, el Principio de condición necesaria para facilitar la participación de las Parte. 1.4. La condición de sistemas de equilibrio desde el Principio de igualdad entre las Partes. 1.5. La complementariedad de los Principios de imparcialidad y de neutralidad. 1.6. La esencialidad de establecer el Principio de la confidencialidad

1. LOS PRINCIPIOS ESENCIALES DE LOS MASC

A continuación enumeraré los principios que a mi entender son inherentes a la mediación y resto de MASC, estén tipificados en las normas de aplicación o no, siendo de aplicación en ocasiones solo a las partes, solo al mediador o persona neutral si la hubiere y algunos a ambos intervinientes, pero resultando siempre aplicables, tanto al inicio del procedimiento y en todas y cada una de las sesiones y actuaciones del mismo[82].

---

82 *Vid.* PÉREZ-SERRABONA GONZÁLEZ, J.L. "Mediación en asuntos mercantiles" en OROZCO PARDO, G. (Dir.)

Para la obtención de los principios acudiré a la primera recomendación que regula los principios de la mediación a nivel europeo, la Recomendación de la Comisión de 30 de marzo de 1998[83], que aunque esté circunscrita a materias de consumo, también es aplicable a la mediación civil y mercantil y resto de normativa europea de aplicación.

En la citada Recomendación se recogen como principios básicos de la mediación de consumo a observar por cualquier órgano que se cree con competencia en la solución extrajudicial de litigios en materia de consumo que respete los principios de independencia, transparencia, de contradicción, de eficacia, de legalidad, de libertad y de representación.

---

y MORENO PÉREZ, J.L. (Dir.) et al *Tratado de mediación en la resolución de conflictos*, Tecnos, Madrid, 2015, p.273 y en este mismo sentido *Vid.* CABRERA MERCADO, R. y LÓPEZ FERNÁNDEZ, R. *La mediación civil, mercantil y concursal*, Wolters Kluwer, Madrid, 2018, p.37.

83 Recomendación 98/257/CE de la Comisión de 30 de marzo de 1998 relativa a los principios aplicables a los órganos responsables de la solución extrajudicial de los litigios en materia de consumo, *DOUE*, L-115 de 17 de abril de 1998. http://data.europa.eu/eli/reco/1998/257/oj (Consultado el 1 de junio de 2025).

Posteriormente la Recomendación de la Comisión de 4 de abril de 2001[84] que enuncia los principios de imparcialidad, transparencia, eficacia y por último el de equidad, que no afectaban a los principios de la anterior Recomendación.

En 2004 el Código de Conducta Europeo para Mediadores[85] hace aplicables a la función del mediador[86] los principios de independencia e imparcialidad, la

---

84 Recomendación 2001/310/CE de la Comisión de 4 de abril de 2001 relativa a los principios aplicables a los órganos extrajudiciales de resolución consensual de litigios en materia de consumo, *DOUE*, L-109-56, de 19 de abril de 2001. https://eur-lex.europa.eu/legal-content/ES/TXT/PDF/?uri=CELE X:32001H0310 (Consultado el 8 de febrero de 2025).

85 COMISIÓN EUROPEA, *Código de Conducta Europeo para Mediadores,* Comisión Europea, Bruselas, 2004 https://euipo. europa.eu/tunnel-web/secure/webdav/guest/document_librar y/contentPdfs/law_and_practice/mediation/adr_ec_code_conduct_es.pdf (Consultado el 9 de febrero de 2025).

86 Define GUILLÉN CATALÁN al mediador como el tercero que ofrece vías de entendimiento para acercar posturas para intentar salvar las controversias de las partes. Vid. GUILLÉN CATALÁN, R. "La mediación como mecanismo colaborativo de la continuidad de la empresa familiar" en GUILLÉN CATALÁN, R., QUINZÁ REDONDO P., MONTESINOS GARCÍA A, BLANCO GARCÍA A.I., ARMENGOT VILAPLANA A., PATRAO A., et al, *Tratado*

igualad de las partes en su participación en el procedimiento y la imparcialidad.

En 2005, el legislador español publica la Ley 15/2005[87] para intentar reducir el elevado número de casos contenciosos introduciendo la posibilidad de que las partes puedan solicitar la suspensión del proceso para acudir a la mediación, es más, en la Exposición de Motivos de la Ley 15/2005, de 8 de julio se recoge lo siguiente: "con el fin de reducir las consecuencias derivadas de una separación y divorcio para todos los miembros de la familia, mantener la comunicación y el diálogo, y en especial garantizar la protección del interés superior del menor, se establece la mediación como un recurso voluntario alternativo de solución de los litigios familiares por vía de mutuo acuerdo con la intervención de un mediador, imparcial y neutral.", y sigue en su Disposición Final Tercera, la obligación del Gobierno de realizar un proyecto de ley sobre mediación, al establecer que: "El Gobierno remitirá a las Cortes un proyecto de ley

---

de Mediación, Tomo III Mediación en conflictos de familia. Tirant lo Blanch, Valencia, 2017, p. 132.

87 Ley 15/2005, de 8 de julio, por la que se modifican el Código Civil y la Ley de Enjuiciamiento Civil en materia de separación y divorcio, *BOE,* Núm. 163 de 9 de julio de 2005. https://www.boe.es/eli/es/l/2005/07/08/15 (Consultado el 1 de junio de 2025).

sobre mediación basada en los principios establecidos en las disposiciones de la Unión Europea, y en todo caso en los de voluntariedad, imparcialidad, neutralidad y confidencialidad y en el respeto a los servicios de mediación creados por las Comunidades Autónomas.", fijándose cuatro principios básicos de la mediación, la voluntariedad, imparcialidad, neutralidad y confidencialidad.

Pasando a la Directiva 2008/52/CE que establece los principios de la mediación en la voluntariedad, confidencialidad, el carácter suspensivo de plazos de prescripción y caducidad, carácter ejecutivo de los acuerdos resultantes de la mediación y para finalizar la Ley 5/2012, de 6 de julio, de mediación en asuntos civiles y mercantiles los fija en su Exposición de Motivos en la voluntariedad y libre disposición, imparcialidad, neutralidad y confidencialidad, buena fe y respeto mutuo y deber de colaboración y apoyo al mediador.

1.1. Prioridad del principio de la autonomía de la voluntad

Es un principio básico de nuestro ordenamiento jurídico, encontrándolo en el artículo 1.255 de Código Civil, donde se establece que: "los contratantes pueden establecer los pactos, cláusulas y condiciones que tengan por conveniente, siempre que no sean contrarios a las leyes, a la moral ni al orden público", es decir, es un principio aplicable a los contratos, donde los intervinientes pueden decidir pactar o no de manera inicial, y para el supuesto que pacten, el contenido del pacto es libre siempre que se respeten los límites legales, morales y de orden público, pero a su vez es un principio que abarca a todas las áreas del Derecho civil, que por su naturaleza de derecho privado encuentra en este principio el bastión del ordenamiento, de las reglas y normas sobre las que se fundamenta el ámbito privado de las actuaciones particulares.

Define CASTÁN TOBEÑAS la voluntad como el consentimiento o consentimiento contractual, que se forma como resultado de la conjunción de las voluntades singulares, teniendo que ser las mismas conscientes o inteligentes y libres, dándose lugar a la teoría de los vicios de la voluntad ante la ausencia de alguno de estos requisitos[88]. Para apreciar la autonomía de la voluntad del individuo es necesario que ésta se manifieste, pues mientras sea interna no actúa en el mundo jurídico, siendo por norma general indiferente la forma que revista esta manifestación, admitiendo el Derecho aquellos modos de manifestación que, según el uso, sean medios idóneos para exteriorizar el querer interno[89].

---

88 *Vid.* CASTÁN TOBEÑAS, J. *Derecho civil español, común y foral,* Tomo III, 13.ª Ed., Reus, Madrid, 1983, p. 510.

89 Ibid p. 752.

Por otra parte COBAS COBIELLA identifica la autonomía de la voluntad "con el poder que tiene la persona de autodeterminación y autorregulación, supone el ámbito de decisión y de actuación en el plano jurídico y se relaciona directamente con la libertad y la dignidad de las personas, que son las que posibilitan, que cada persona sea un mundo, y que en el ámbito del Derecho civil se traduzca en la libertad que tiene el individuo de elegir su propia norma, y la aplicación de la misma"[90].

Como se indicaba por MUNNÉ y VIDAL[91], en la regulación previa de la mediación, la autonomía de la voluntad alcanza a la libertad de mediar durante todo el proceso de mediación, es decir, desde su inicio hasta el final, con el acuerdo de mediación, así como de su propio contenido, llegado el caso.

---

90 *Vid.* COBAS COBIELLA, M.E. "La mediación y la autonomía de la voluntad. Notas introductorias sobre la cuestión" en ORTEGA GIMÉNEZ, A., COBAS COBIELLA, M.E. BARONA VILAR, S. et al *Mediación en el ámbito civil, familiar, penal e hipotecario, Cuestiones de actualidad,* Difusión Jurídica, Madrid, 2013, pp. 90-91.

91 *Vid.* MUNNÉ CATARINA, F. "El mediador: capacidad y prohibiciones. Responsabilidad civil" en MUNNÉ CATARINA, F. y VIDAL TEIXIDÓ, A. *La mediación. Resolución pacífica de conflictos. Régimen jurídico y eficacia procesal,* La Ley, Las Rozas, 2013, pp. 13-16.

Si la mediación y resto de MASC se entienden como voluntarios, ¿Se pueden obligar a realizar los mismos? Teniéndose presente que la mediación, como fruto de un pacto voluntario entre las partes, es un contrato, ¿No estaría viciado dicho contrato si se impone?, así el artículo 1.261 del Código Civil entiende que no existe contrato sino cuando hay consentimiento de las partes, objeto cierto y causa de obligación. Por los dos últimos requisitos, el objeto cierto y la causa de obligación se entienden implícitos en el conflicto, ¿Pero y por el consentimiento? ¿Sería válido teniendo presente que el consentimiento no puede otorgarse mediando error, violencia, intimidación o dolo, ex. art. 1.265 del Código Civil? Sobre este sentido se pronunció el Consejo General del Poder Judicial en su Informe al Anteproyecto de Ley de Mediación en asuntos civiles y mercantiles, sobre si el acuerdo de mediación se puede asimilar a cualquier otro tipo de contrato entre particulares y está sujeto "por tanto a las reglas generales sobre eficacia e ineficacia de los contratos, o si dada la intervención del mediador y su función como garante del ordenamiento jurídico y del respeto a los principios informadores de la mediación, debe descartarse la aplicación de los remedios generales sobre anulación de los contratos en el entendimiento de que el acuerdo de mediación no sería un contrato, o no sería solamente un contrato.

Tanto si se opta por una como por otra opción, la admisión en el artículo 28.6 del Anteproyecto de

Ley de Mediación en asuntos civiles y mercantiles de la anulación del acuerdo de mediación por haber sido aceptado bajo violencia o intimidación, resulta inconsistente: si el legislador considera el acuerdo de mediación como un contrato más, debería no ya contemplar esa concreta causa de anulación, sino hacer una referencia a todas las causas de anulación —e ineficacia en general— de los contratos, mediante una remisión los artículo 1.265, 1.268, 1.270, 1.276, 1.289, 1.300 y ss del Código Civil; si por el contrario entiende que se trata de una figura que excede de los contornos de un contrato ordinario al tener la nota distintiva de la intervención del tercero en el desarrollo del procedimiento de mediación, debería eliminar toda referencia a la posibilidad de anular el acuerdo por violencia o intimidación. En las restantes fases de tramitación del Anteproyecto debería pues producirse una decantación por una u otra alternativa, manteniéndose la solución que resulte coherente con ella"[92].

Pasaremos a analizarlo, y para ello nos tenemos que dirigir al sentido último de la mediación, que si bien es cierto que su razón de ser es la de llegar a un acuerdo, también es igual de importante el que

---

92 *Vid.* CONSEJO GENERAL DEL PODER JUDICIAL, *Informe al…*op.cit. pp. 67-68.

las partes en conflicto se comuniquen, siendo la falta de comunicación muchas veces motivo de que gran parte de los desencuentros degeneren en un conflicto.

Cuando entre las partes no hay comunicación es donde entra la figura del mediador, palabra derivada del latín *mediator*, y definida en nuestro Diccionario de la Lengua como "el que media"[93], palabra sinónima de intermediario o intercesor, donde la función del mediador es reestablecer los puentes de comunicación entre las partes, y es ahí donde entra su pericia, siendo su función convertir los monólogos en diálogos, restableciendo la comunicación.

La propia Exposición de Motivos de la Ley 5/2012, en su apartado IV reconoce que: "la norma se limita a establecer aquellos requisitos imprescindibles para dar validez al acuerdo que las partes puedan alcanzar, siempre bajo la premisa de que alcanzar un acuerdo no es algo obligatorio, pues, a veces, como enseña la experiencia aplicativa de esta institución, no es extraño que la mediación persiga simplemente mejorar relaciones, sin intención de alcanzar un acuerdo de contenido concreto", es decir, pactar no puede obli-

---

93 Real Academia Española, Mediador. En *Diccionario de la lengua española* (23.ª ed.) 2025. https://dle.rae.es/mediador (Consultado el 2 de mayo de 2025).

garse, ya que como hemos visto previamente iría en contra de lo establecido legalmente al ir en contra de la autonomía de la voluntad.

Con la mediación al menos se busca restablecer relaciones, por ello se requiere la intervención personalísima de los implicados, conocedores del alcance del conflicto con todas sus recovecos, siendo también los únicos capacitados para acabar la mediación, si lo desean pactando, teniéndose presente que si en el conflicto en cuestión no es posible pactar, nada impide que en conflictos venideros sí se alcance el acuerdo o incluso no llegue a nacer un nuevo conflicto al tener las partes las vías de comunicación abiertas o como dice COBAS COBIELLA de la mediación, "que no solo tiene que ser un elemento de descarga de trabajo a los jueces, sino que también constituye un elemento poderoso para transformar las mentalidades y las partes descubran verdaderamente sus intereses dentro de la relación y que muestren lo que realmente quieren y desean alcanzar, distinto al rol que han mantenido dentro del conflicto"[94].

Que la mediación como un pacto basado en la autonomía de la voluntad se inicie de manera preceptiva, no ya con la intención de consensuar acuerdos

---

94 *Vid.* COBAS COBIELLA, M.E. "La mediación y la autonomía..." *op. cit.* p.85.

pero sí para intentar rehacer puentes de comunicación entre las partes con la ayuda del mediador no tiene que verse como algo negativo ya que todas las legislaciones que introducen la mediación como requisito de procedibilidad para la admisión a trámite de la demanda o el paso por la misma dentro de un procedimiento judicial admiten la finalización de la misma sin acuerdo, por lo que el sometimiento de las partes a la mediación por imperativo legal no tiene que suponer ningún inconveniente cuando se permite la finalización de la misma sin acuerdo, y en caso de acuerdo se ahorrarían costes económicos, temporales y emocionales en comparación con la vía jurisdiccional, que no desaparece ni se elimina, solo se posterga.

Otra cosa muy diferente sería obligar a las partes a pactar un contenido de acuerdo de mediación en el que no estén conformes, siendo claramente nulo el mismo y en contra de todos los preceptos legales, siendo la voluntad un requisito esencial para la conformación de todo acto o negocio jurídico, ya que pese a obligar a las partes de manera personal a pasar por un proceso de mediación de manera inicial, donde veremos en el apartado de mediación obligatoria moderada mi propuesta, el principio de la autonomía de la voluntad regirá en la voluntad de continuación de la mediación más allá de lo preestablecido legalmente, así como en el contenido del acuerdo y su adopción, llegado el caso.

1.2. Idoneidad de los Principios de buena fe, lealtad y respeto mutuo desde la coordinación unitaria

Estos principios los encontramos recogidos en el artículo 10.2[95] de la Ley 5/2012, siendo la buena fe un principio general del Derecho recogido en el artículo 7 del Código Civil, procesalmente en el artículo 247 de la Ley de Enjuiciamiento Civil y el artículo 11 de la Ley Orgánico del Poder Judicial, teniendo un carácter informador del ordenamiento jurídico, ligado a la lealtad.

La regulación del principio de la buena fe se realiza de forma marginal en el artículo 10, a diferencia de los otros principios detallados en los artículos 6 a 9 como principios informadores[96], siendo esta regu-

---

[95] BLANCO CARRASCO critica el título del artículo, "las partes de la mediación", su ubicación, al final del Título II que se refiere a los "principios informadores de la mediación" y contenido, teniéndose que haber introducido este artículo en el Título I de la ley. *Vid.* BLANCO CARRASCO, M. "Artículo 10. Las Partes de la mediación" en GARCÍA VILLALUENGA, L. (Dir.) y ROGEL VIDE, C. (Dir.) *Mediación en asuntos civiles y mercantiles. Comentarios a la Ley 5/2012*, Ed. Reus, Madrid, 2012, pp. 139-148.

[96] Lo que la ley denomina principios informadores, a excepción de la confidencialidad, son notas características de la intervención del mediador y recomendaciones para que las partes alcancen el acuerdo. *Vid.* VALLESPÍN PÉREZ,

lación por parte del legislador como dice TORRES LANA[97] totalmente desacertada al tener suficiente entidad, fíjese que es un principio informador de nuestro ordenamiento jurídico, como para estar regulado individualmente.

Las partes tienen el deber genérico de actuar con buena fe, que incluye un comportamiento leal dentro de un procedimiento de mediación, porque se entiende que si están en el procedimiento voluntariamente se presume un comportamiento honrado, honesto, colaborativo con el mediador y la otra parte y una predisposición a alcanzar acuerdos. A parte del concepto de buena fe del Derecho civil, se establece que las partes no podrán ejercitar acción judicial o extrajudicial en relación al objeto de mediación, un *pacto de non petenda,* que liga con el artículo 395 de la LEC modificado por la propia ley de mediación, que entiende mala fe, en todo caso, "si antes de presentada la demanda se hubiese formulado al demandado requerimiento fehaciente y justificado de pago, o si se hubiera iniciado procedimiento de mediación o dirigido contra él demanda de conciliación" condenando en costas a quien

---

D. *Mediación mercantil y eficiencia procesal,* Wolters Kluwer, Madrid,2022, p. 103.

97 *Vid.* TORRES LANA, J.A. "Principios rectores ..." op. cit. p.158.

desista del procedimiento de mediación y se allane en la vía jurisdiccional[98].

Toda la información que faciliten a las partes y al mediador tendrá que ser veraz y completa y se deberá tratar con el debido respeto al mediador y a la contraparte, pero al tratarse de un procedimiento extrajudicial ante el incumplimiento por una parte de los citados principios no se le puede imponer sanción a la parte incumplidora, en todo caso la otra parte podrá dar por finalizado el procedimiento o incluso el mediador podrá finalizarlo, pero sin más repercusión para la parte incumplidora.

La obligación de respeto mutuo va ligada con lo anterior, pues siendo descortés con las partes y el medidor, presentando pruebas falsas o realizando declaraciones falsas se falta el respeto a la contraparte y al mediador, pero también se refiere a evitar situaciones de agresión, tanto física como psicológica, actitudes despectivas o falta de motivación evidente en el desarrollo de la mediación[99].

---

98 *Vid.* CABRERA MERCADO, R. y LÓPEZ FERNÁNDEZ, R. "Mediación civil y…", op. cit. p.56.

99 *Vid.* LÓPEZ SIMÓ, F. "Las partes en la mediación" en LÓPEZ SIMÓ, F., GARBAU SOBRINO, F.F. et al *Mediación en materia civil y mercantil. Análisis de la normativa de la UE y española,* Tirant lo Blanch, Valencia, 2014, p.179.

Si una parte actúa contrariando las normas de la buena fe, lealtad o respeto mutuo se le tendrían que poder imponer a su cargo las costas de la mediación, ya que la parte que ha actuado correctamente respetando los anteriores principios, para los casos de mediaciones donde por norma general asumirá la mitad de los honorarios del mediador de una mediación que ha boicoteado la otra parte, y para el caso de mediaciones amparadas en la asistencia jurídica gratuita se ocasiona un perjuicio al erario público.

1.3. Principio de presencialidad, el principio de condición necesaria para facilitar la participación de las partes

También se puede entender como inmediatez, inmediación, oralidad, carácter presencial o de carácter personalísimo, donde la asistencia a las sesiones de mediación no puede delegarse en terceros, siendo un obligación *intuitu personae* tanto para el mediador o tercero neutral como para las partes interesadas, con el afán de retornar a las partes el protagonismo en la toma de decisiones como fruto de la voluntad libremente expresada por las partes, recuperando las vías de diálogo entre ellas, ya que nadie mejor que ellas mismas para solucionar el conflicto manejándolo y comprendiéndolo, expresándose en un ambiente de confianza y tranquilidad para llegar al acuerdo[100], consiguiendo así un alto porcentaje de cumplimiento en el mismo.

Tradicionalmente la mediación se ha realizado de manera presencial por las partes y por el mediador, y en casos de personas jurídicas se realizaba mediante el administrador o apoderado debidamente facultado para transigir.

Con la asistencia personal de las partes éstas se enfrentan a sí mismas, a sus miedos y a sus problemas de comunicación ya que nadie más que ellas conocen el fondo del litigio, y no sería correcto en este tipo de procedimiento autocompositivo el entregar el poder de decisión a terceros, pues sería como dejarlo en manos de un juez o un árbitro, viciando de plano la mediación[101].

Hay ordenamientos jurídicos que obligan a que las partes y el mediador se encuentren personalmente para realizar la sesión de mediación y otros no, téngase presente que el lenguaje corporal en un procedimiento autocompositivo dice lo mismo o incluso

---

100 *Vid.* ORTIZ PRADILLO, J.C. "Análisis de los principios informadores..." *op. cit.* p.342.

101 *Vid.* TORRES OSORIO, E. *La mediación a la luz de la tutela judicial efectiva*, Ediciones Universidad de Salamanca, Salamanca, 2013, p. 416.

más que el lenguaje verbal, por eso la presencia física ante el mediador, que debe dirigir la sesión por unos cauces que logren el acuerdo con la utilización de diversas técnicas como la persuasión y la empatía es importante en función del conflicto, sobre todo en procedimientos como los de familia, donde los sentimientos están a flor de piel y la razón puede estar ofuscada abortando todo atisbo de acuerdo.

Menos relevante resulta el lenguaje corporal en conflictos que no tengan su origen en relaciones personales o en los procedimientos de reclamaciones de deudas surgidas de relaciones comerciales, donde siempre que se utilicen medios que permitan comprobar la identidad de los participantes no sería tan relevante la presencialidad de las partes, pudiendo acudir a una mediación a distancia.

El principio de la presencialidad no está recogido expresamente en la Ley 5/2012, pero podemos entreverlo en su artículo 8 donde las partes personalmente llevarán a cabo el acuerdo de mediación, el artículo 17.1 sobre la inasistencia injustificada de la parte, su artículo 19.1 del deber de realizar la declaración expresa por las partes de someterse al procedimiento de mediación y el artículo 21.1 de la convocatoria de las partes por el mediador para cada sesión y se manifiesta expresamente en el artículo 8 de la Ley 15/2009, de 22 de julio, de mediación en el ámbito del derecho privado, que establece en cambio el carácter personalísimo de la mediación, donde las partes y la persona mediadora deben asistir personalmente a las reuniones sin que puedan valerse de representantes o de intermediarios, y solo excepcionalmente se podrán utilizar medios técnicos, cuando en un principio en la era digital, con el avance de la ciencia y los medios técnicos a nuestro alcance la norma tendría que darse a la inversa, es decir, establecer el uso preferente de los medios tecnológicos[102] para el procedimiento de la mediación sin límite de importe como pasa en los procedimientos monitorios, donde no encuentro sentido poner un límite para fomentar o no el acceso a la mediación, ¿En qué está fundamentado ese límite dinerario? ¿Por qué el duplo de la *summa executionis* del artículo 520.1 de la LEC? Y en referencia a la presencialidad, teniéndose en cuenta también la materia a tratar, soy más proclive a requerir la presencialidad para los conflictos de familia si el mediador aprecia que la mediación presencial puede producir mejores resultados[103].

---

102 Teniendo en todo caso los mediadores que adaptar las técnicas de mediación al medio, en este sentido *Vid.* VAZQUEZ DE CASTRO, E. "Consideraciones fundamentales de la mediación" En VAZQUEZ DE CASTRO, E. y GARCÍA VILLALUENGA, L. et al *Habilidades y procedimientos en la mediación*, 2.ª Ed., Aranzadi, Las Rozas, 2024, p. 299.

103 Recoge COBAS COBIELLA, en cuanto a que el mediador obtenga los mejores resultados que se "Permite además

La Ley 5/2012 habilita el uso de sistemas de mediación por medios electrónicos en su artículo 5.2, especialmente para reclamaciones dinerarias, y se legisla en el artículo 24 las actuaciones desarrolladas por medios electrónicos, pudiéndose llevar a cabo de manera parcial o total, pero para ello se tienen que garantizar que los medios electrónicos garanticen la confidencialidad y resto de principios de la mediación, las instituciones tienen que disponer de un reglamento que regule las actuaciones realizadas por medios electrónicos además de disponer de unos medios electrónicos adecuados, garantizando unos mínimos de seguridad y privacidad[104].

---

que se alcancen acuerdos creativos, ya que el mediador trabaja con las partes para generar todas las soluciones posibles, buscando y propiciando que se lleguen a arreglos creativos no sólo para solucionar el problema planteado, sino para que se mejoren las relaciones entre ellas. Téngase en cuenta que como señalan los expertos en mediación no se deben quedar las partes nunca con el primer acuerdo, hay dentro de un conflicto y de una mediación muchas oportunidades, cuestiones que pueden aflorar, conduciendo a un abanico de posibilidades y de decisiones a tomar." *Vid.* COBAS COBIELLA, M.E *Mediación en el...op. cit.*, p.51.

104 *Vid.* GARCÍA CUBERO, G. "Mediación por medios electrónicos: Procedimientos y herramientas" en SOLETO MUÑOZ, H. et al *Mediación y resolución de conflictos: técnicas y ámbitos*, 3.ª Edición, Tecnos, Madrid, 2017, p.454.

El artículo 24.2, la Disposición Final 7.ª de la Ley 5/2021 y los artículos 30 a 38 del Real Decreto 980/2013[105] regulan un proceso simplificado para mediaciones por medios electrónicos para reclamaciones de cantidad que no superen los 600 euros, de manera preferente a excepción que una de las partes no pueda utilizar estos medios.

Aquí entiendo que se refiere a lo que denomina brecha digital o desconocimiento tecnológico de las TIC, pero cada vez menos encontraremos a alguien que no disponga de un teléfono inteligente, con toda la tecnología suficiente, de transmisión de datos y reproducción de audio y video para poder hacer una videoconferencia a través de una aplicación de móvil o página web, a través de *Wifi*, sin necesidad de disponer de un ordenador de sobremesa o portátil con el coste que eso conlleva, al igual que se ha impuesto a la hora de operar con tu entidad bancaria, con sus respectivas críticas por el "abandono" de las personas mayores, más reticentes al uso de las nuevas tecnologías, pero que cada vez más se van adaptado a los nuevos usos.

---

105 Real Decreto 980/2013, de 13 de diciembre, por el que se desarrollan determinados aspectos de la Ley 5/2012, de 6 de julio, de mediación en asuntos civiles y mercantiles, BOE, Núm. 310 de 27 de diciembre de 2013. https://www.boe.es/eli/es/rd/2013/12/13/980 (Consultado el 1 de junio de 2025).

Si no se introducen de una manera efectiva los nuevos medios electrónicos en la mediación, como dice VÁZQUEZ DE CASTRO[106], puede suponer cuatro tipo de riesgos, como veremos a continuación:

El primero el debido a la llegada de nuevos mediados que estén más habituados a las nuevas tecnologías y no les supone ningún inconveniente su uso, incluso les contraría no usarlos, otro riesgo sería que los mediadores podrían quedar obsoletos al no ofrecer la mediación por medios electrónicos y quedarían fuera del mercado, otro riesgo versaría sobre la adaptación de la mediación, como un servicio de la Administración de Justicia que es, a la regulación de la Administración electrónica, para que todos interactuemos por medios electrónicos con la Administración, no como un derecho o posibilidad, si no como una obligación como tienen los profesionales que interactúan con la administración de justicia, las personas jurídicas, los profesionales y empresarios y como último riesgo el no tener presente que muchas disputas, controversias y malentendidos surgen precisamente del uso de las

---

106 *Vid.* VAZQUEZ DE CASTRO, E. "Técnicas de resolución de disputas en línea y mediación electrónica para superar la brecha digital y evitar el epostracismo profesional" [Internet], *Revista Aranzadi de Derecho y Nuevas Tecnologías*, Núm.52, 2020, p.10.

nuevas tecnologías, siendo lo más adecuado el uso de las mismas para solucionarlas.

1.4. La condición de sistemas de equilibro desde el Principio de igualdad entre las partes y flexibilidad del proceso

El principio de igualdad viene recogido en nuestra Carta Magna en su artículo 14 como principio de igualdad procesal, y en los artículos 24.1 y 119, como un derecho fundamental reconocido en nuestro ordenamiento jurídico.

Asimismo este principio se regula en el artículo 7 de la Ley 5/2012, entendiéndose por igualdad entre las partes la garantía de plena igualdad de oportunidades en el desarrollo del procedimiento de mediación[107], teniendo el mediador que velar para que así sea, no promoviendo actuaciones que perjudiquen a

---

[107] Se tiene que tener presente, como indica COBAS COBIELLA "La autonomía de la voluntad y el principio de igualdad de las partes con vistas a conformar un equilibrio entre los mediados fomentando la confianza y la seguridad. Aunque si bien no es la panacea, es otra opción para los ciudadanos y las partes. Ofrecer alternativas es importante" en COBAS COBIELLA, M.E. "Transparencia en el procedimiento de mediación. Especial caso de la empresa familiar" en COBAS COBIELLA, M.E. et al *Equidad y… op. cit.*, p.199.

una parte o beneficien a la otra, teniendo en todo momento que buscar el equilibrio para que ambas partes se sientan iguales y el desarrollo del procedimiento se vuelva cómodo, siendo las partes más proclives a alcanzar un acuerdo[108], estando ligado este principio al principio de imparcialidad, para evitar desequilibrios de poder entre las partes y que se alcancen acuerdos injustos o no deseados, un ejemplo de ello es la intermediación hipotecaria[109].

En la normativa de consumo también lo encontramos en el artículo 19 de la Ley 7/2017, imponiendo la obligación del mantenimiento del respeto entre las partes por sus posiciones y manifestaciones, manteniéndose el equilibrio entre ambas y también tiene su reflejo en el Código Civil, en su artículo 1256, donde no permite que la validez y el cumplimiento de los contratos queden al arbitrio de una de las partes, pero como dice TORRES LANA[110], en este último caso se

---

108 *Vid.* BARONA VILAR S. *Nociones y Principios de las ADR. (Solución Extrajurisdiccional de Conflictos)*, Tirant lo Blanch, Valencia, 2018. p. 78.

109 *Vid.* COBAS COBIELLA, M.E. "La intermediación hipotecaria en sede de ejecución hipotecaria. Luces y sombras sobre la cuestión", *Revista Práctica de Derecho*, Sepín, Núm. 160, mayo 2014, pp. 5-40.

110 *Vid.* TORRES LANA, J.A. "Principios rectores de la mediación" en LÓPEZ SIMÓ, F., GARBAU SOBRINO, F.F. et

circunscribe a establecer la "igualdad formal de las partes" en el contrato, que es aplicable al acuerdo de mediación, siendo el mismo propiamente un contrato.

El principio de igualdad consiste en garantizar por el mediador el principio de actuación en el procedimiento a todas las partes, que tengan los mismos derechos, posibilidades y obligaciones, sin privilegios ni desequilibrios, para evitar que la posible desviación o existencia real de desigualdad derive en un empoderamiento de una parte sobre la otra y se frustre la mediación[111].

La igualdad entre las partes es fundamental durante todo el procedimiento, y especialmente al principio del mismo, porque sin él no se podrá llegar a una verdadera autocomposición de la controversia, siendo la parte dominante la que fije la misma desde su prisma[112], así en virtud del mismo se tendrá que reequilibrar las posiciones una vez iniciado el proceso si fuera necesario, siendo fundamental que los sujetos que acuden a una mediación tenga la percepción

---

al *Mediación en materia civil y mercantil. Análisis de la normativa de la UE y española,* Tirant lo Blanch, Valencia, 2014. p.140.

111 *Vid.* BARONA VILAR S. *Mediación en asuntos civiles y mercantiles en España.* Tirant lo Blanch, Valencia, 2013, p.181.

112 *Vid.* MARTÍN DIZ, F. *La Mediación: sistema complementario de administración de justicia,* Consejo General del Poder Judicial, Centro de Documentación Judicial, Madrid, 2010, p. 70.

de que el mediador considera legítimas, más que sus posiciones, las necesidades que plantean y que sus intereses son respetados, sin preferirse unos sobre los otros, no dándoles la razón ni considerar unas necesidades más dignas que otras, como dice GARCÍA VILLALUENGA[113].

BARONA VILAR propone implementar una serie de garantías para salvaguardar el principio de igualdad entre las partes, como son la oralidad, la rapidez, la gratuidad o menor coste, la flexibilidad y la posibilidad de realizar sesiones conjuntas y separadas[114].

La flexibilidad del proceso la encontramos recogida en la Exposición de Motivos de la Ley 5/2012 y tipificada en el artículo 10.1, siendo un principio esencial e intrínseco a su concepto y filosofía[115], a diferencia del rígido y formalizado proceso judicial, y que establece una libertad formal a la hora de organizar la mediación, siempre que se respeten los principios ge-

---

113 *Vid.* GARCÍA VILLALUENGA, L. "La mediación a través de sus principios. Reflexiones a la luz del Anteproyecto de Ley de mediación en asuntos civiles y mercantiles", *Revista general de legislación y jurisprudencia*, Núm. 4, 2010, pp.729-730.

114 *Vid.* BARONA VILAR, S. *Mediación en asuntos.....op.cit.* p.185.

115 *Vid.* VÁZQUEZ DE CASTRO, E. "Consideraciones fundamentales..."*op. cit.* 294.

nerales de la norma, lo que le permite adaptarse a las circunstancias concretas de cada caso dentro de unos límites más laxos de los que impone el proceso judicial, pero con límites, como el no poder fijar desigualdades entre ellas en el proceso, o decidir de mutuo acuerdo que no firmarán las actas de mediación, tampoco que no asumen el pago de coste del procedimiento[116], así como dice VALLESPÍN esta flexibilización, es más formal que real, al contar con normas procedimentales y principios básicos, pero que no es incompatible con la colaboración y apoyo en sede de mediación[117].

Sobre este aspecto parte de la doctrina ya definió a la Ley 5/2012 como "de corte generalista, que permite flexibilidad y adaptación de la misma a cualquier desarrollo que tenga de futuro la mediación"[118].

Es necesario hacer mención a que las mediaciones derivadas de los procedimientos judiciales sí están sometidos a la ley procesal, a los plazos y sus propias características, con un protocolo regulado e incluso sancionable en el supuesto de incumplimiento, pero

---

116 *Vid.* BARONA VILAR, S. "Mediación en asuntos…" *op. cit.* p. 214.

117 *Vid.* VALLESPÍN PÉREZ, D. *Mediación mercantil..* *op. cit.* p. 119.

118 *Vid.* COBAS COBIELLA, M.E. "Mediación Familiar. Algunas..." *op. cit.* p. 36.

para el resto de mediaciones se estructuran por acuerdos entre las partes junto al mediador, y este último en función de cómo evolucione la mediación puede proponer variaciones[119], siendo muy útil este principio vertebrador en supuestos de conflictos multiparte, donde hay una pluralidad de partes superior a dos, con intereses o necesidades diferentes que convergen entre ellos.

Será necesario, por otro lado, que el mediador sea una persona habilitada profesionalmente para el desarrollo del procedimiento de mediación en concreto y respetar los mínimos establecidos legalmente para poder acudir, llegado el caso, a solicitar el auxilio judicial.

A la práctica, si el servicio de mediación lo proporciona alguna institución de Derecho Público, la libertad de formas establecida, la flexibilidad, será más bien escasa pues el servicio proporcionado está ligado a un procedimiento determinado.

En la mediación obligatoria moderada este principio regirá una vez se realicen las sesiones obligatorias y las partes deseen continuar con el procedimiento de mediación.

---

119 *Vid.* MUNNÉ CATARINA, F. y VIDAL TEIXIDÓ, A. "La mediación..." *op. cit.* 103.

1.5. La complementariedad de los Principios de imparcialidad y de neutralidad

La imparcialidad y neutralidad son dos principios exigibles al mediador y al procedimiento, no así a las partes, que como es lógico en el procedimiento de mediación velarán por sus propios intereses[120].

En la Recomendación (98)1 del Comité de Ministros del Consejo de Europa[121] se define la mediación y en su Considerando 10 señala este principio como primera característica del mediador "un tercero, el mediador, imparcial y neutral asiste...", en el Libro Verde sobre modalidades alternativas de solución de conflictos en el ámbito del derecho civil y mercantil, de abril de 2002 se menciona los MASC "aplicados por un tercero imparcial".

En el Código de Conducta Europeo para Mediadores de 2004 recoge en su artículo 2 en relación con la exigencia de independencia e imparcialidad del mediador y en el artículo 3.2 habla de la imparcialidad del procedimiento.

---

120 *Vid.* VÁZQUEZ DE CASTRO, E. "Consideraciones fundamentales de la..." op. cit. p.282.

121 Recomendación nº R (98) 1 del Comité de Ministros a los Estados miembros sobre la mediación familiar, adoptado el 21 de enero de 1998. https://search.coe.int/cm?i=09000016805e1f76 (Consultado el 1 de junio de 2025).

En la Directiva 2008/52/CE lo encontramos en el artículo 3.b en la definición de mediador y en el artículo 4.2 en relación con su formación "...para garantizar que la mediación se lleve a cabo de forma eficaz, imparcial y continua en relación con las partes".

También lo encontramos recogido en el artículo 7 de la Ley 5/2012 cuando dice que el mediador no realizará ninguna actuación que beneficie ni perjudique a las partes, entendiéndose la imparcialidad como la falta de intención en favor o en contra de cualquiera de ellas, siendo garantía de igualdad para las mismas, asimismo vuelve a aparecer en los artículos 13 y 17 cuando se incide en el deber de informar a las partes por parte del mediador de cualquier circunstancia que pueda afectar a su imparcialidad en la sesión informativa.

En el artículo 8, que trata sobre la neutralidad, manifiesta que en las actuaciones de mediación serán las partes las que por sí mismas alcanzarán los acuerdos teniendo el mediador que limitarse a actuar conforme el artículo 13, es decir, propiciando la comunicación entre ellas, manteniéndolas informadas y con una conducta activa para intentar acercar sus posturas, como dice GARCÍA VILLALUENGA: "es hablar de la capacidad de las personas para gestionar sus disputas y de su autonomía de llegar a acuerdos"[122].

---

[122] *Vid.* GARCIA VILLALUENGA, L. "La mediación..." *op. cit.* p.730.

Se impone al mediador la obligación de no iniciar o abandonar la medición si concurren circunstancias que puedan afectar a su imparcialidad, por ello al inicio de la mediación el mediador tiene que informar a las partes de cualquier circunstancia que pueda afectar a la imparcialidad o pueda generar conflicto de intereses.

Indica COBAS COBIELLA que el principio de igualdad, que encontramos en el artículo 7 de la Ley 5/2012 es de vital importancia, y más cuando se trata de un conflicto intercultural, con personas de distintas culturas y una de las partes sea extranjero, siendo la cultura dominante el país de acogida, que genera desequilibrio entre las partes, siendo una importante labor del mediador establecer pautas para el restablecimiento del equilibrio[123].

Señala PÉREZ-SERRABONA GONZÁLEZ sobre el contenido del artículo 7 "en el proceso de mediación se garantizará que las partes intervengan con plena igualdad de oportunidades…" y el del artículo 8, que se titula "neutralidad", pueden llegar a confundirse, pero hay que diferenciarlos porque en el artículo 7 se relaciona con el equilibrio de las partes y la posición del mediador y el artículo 8 versa sobre la propia re-

---

123 *Vid.* COBAS COBIELLA, M.E *Mediación en el ámbito…op. cit*, pp.120-121.

solución del conflicto, donde el mediador no puede ni debe sugerirlo sino ser alcanzado por las partes[124], o como indica AGUILÓ REGLA "el deber de neutralidad prohíbe al mediador tratar de condicionar la voluntad de las partes; es decir, le prohíbe tratar de determinar el contenido del acuerdo"[125].

Las circunstancias que pueden afectar a la imparcialidad del mediador serían las posibles relaciones personales o profesionales que mantiene o hubiese mantenido con alguna de las partes previamente a la mediación, en un sentido u otro, es decir, que ante la existencia de las mismas el mediador pueda sentir aprecio o desprecio por una de ellas. También si el mediador pudiese tener algún interés directo o indirecto en el resultado de la mediación, haciendo que su actuación dentro del procedimiento de mediación hiciese derivar la misma hacia sus propios intereses y por último si el propio mediador o alguien de su empresa u organización hubiesen actuado previamente de alguna de las partes en cualquier circunstancia, exceptuándose una mediación previa.

---

124 *Vid.* PÉREZ-SERRABONA GONZÁLEZ, J.L. "Mediación en..." *op. cit.* p.272.

125 *Vid.* AGUILÓ REGLA, J. *El arte de la mediación: argumentación, negociación y mediación*, Ed. Trotta, Madrid, 2015, p. 123.

Una vez informadas a las partes de la casuística anterior solo podrá aceptar o continuar la mediación con el consentimiento expreso y por escrito de las partes y asegure que puede realizar su función con total imparcialidad, teniendo que informar durante todo el procedimiento por circunstancias sobrevenidas o desconocidas previamente.

Difícil equilibrio se le impone al mediador cuando la ley fija su interés último en que las partes lleguen al acuerdo mediante el procedimiento de la mediación, imponiendo al mediador una conducta activa para lograr el acercamiento de las partes por un lado, con la voluntariedad del mantenimiento de las mismas en el proceso y que sean ellas por sí mismas las que alcancen los acuerdos, por lo que el mediador, como dice TORRES LANA tendrá que actuar en todo momento con prudencia, tacto y sentido común en dosis elevadas[126] porque difícilmente si una parte actuara con ventaja en el procedimiento o aunque no fuese así la otra parte tuviese esa percepción de parcialidad del mediador el procedimiento de mediación se frustraría[127].

---

126 *Vid.* TORRES LANA, J.A. "Principios rectores ....*"op. cit.* p.150.

127 *Vid.* ORTUÑO MUÑOZ, P. "Artículo 7. Igualdad de las partes e imparcialidad de los mediadores" en CASTILLEJO MANZANARES, R., RODRÍGUEZ ÁLVAREZ, A., ALONSO SALGADO, C. y AZCÁRRAGA MONZONÍS, C.

Pese a lo anterior la imparcialidad y la neutralidad son conceptos que pueden confundirse, apareciendo como sinónimos en el Diccionario de la Lengua Española, y mal recogidos en la norma generando confusión, la neutralidad se diferencia de la imparcialidad en que no solo se exige al mediador que no tome partido por los intereses de ninguna de las partes si no que tampoco se involucre o interfiera en la solución del conflicto para volver a la esencia de la mediación como sistema autocompositivo de resolución de controversias[128], pero la influencia del mediador es inevitable, al no poder interactuar sin contribuir a darle forma, moverla y dirigirla, teniéndose que determinar que influencia resulta aceptable o y cual no[129].

Ambos son exigibles también a los jueces y árbitros pero no les afecta de la misma manera que al mediador, ya que tanto los jueces y árbitros tienen que pronunciarse sobre el fondo del asunto, decidir sobre la controversia, haciendo que su decisión sea la que ponga fin al procedimiento, que quizá no al conflicto, tomando una actitud pasiva en el procedimiento

---

Comentarios a la Ley 5/2012, de mediación en asuntos civiles y mercantiles, Tirant lo Blanch, Valencia, 2013, p.99.

128 *Vid.* VÁZQUEZ DE CASTRO, E. "Consideraciones fundamentales..." *op. cit.* p. 287.

129 *Vid.* GARCÍA VILLALUENGA, L. "La mediación..." *op. cit.* p.733.

donde los abogados de las partes son los que toman la iniciativa y sin embargo el mediador no decide y su actitud tiene que ser activa con las partes, propiciando el acercamiento de posturas y si incumpliese su deber de imparcialidad o neutralidad intentando influir en el resultado serían las partes las que tendrían la última palabra[130] y no el mediador.

La actuación imparcial y neutral del mediador es de vital importancia porque su cargo viene determinado por la confianza que depositan en él las partes, ya que las partes no acuden al mediador para que les ofrezca o les facilite una solución, sino para que mediante su intervención las partes por sí mismas puedan llegar a encontrarla, por lo que el mediador tiene que actuar sin ningún género de dudas de manera imparcial y neutral, el mediador puede facilitar información jurídica pero no debe dar consejos jurídicos[131] pues se dejaría de ser y actuar como mediador para convertirse en un asesor jurídico de las partes, no posicionándose a favor de alguna de las partes ni favoreciendo a ninguna, y como dice VÁZQUEZ DE CASTRO si las partes se sienten respetadas y acogidas por el mediador en sus intereses será una prueba de que este principio se

---

130 *Vid.* TORRES LANA, J.A. "Principios rectores..." *op. cit.* p.146.

131 *Vid.* BARONA VILAR, S. "Mediación en asuntos..." *op. cit.* p. 189.

está cumpliendo[132], así como no imponer la solución al conflicto y evitar que sus propios sentimientos y prejuicios sean un obstáculo al procedimiento[133].

Si el mediador detecta que se están vulnerando estos principios tiene el deber de suspender la sesión para restaurar el equilibrio entre las partes o incluso a desistir de seguir con el procedimiento si entiende que con los medios a su alcance no puede restablecerlo.

Ante supuestos de incumplimiento de estos deberes la parte perjudicada puede reclamar al mediador por los daños y perjuicios ocasionados.

1.6. La esencialidad de establecer el Principio de confidencialidad

El principio de confidencialidad es uno de los pilares sobre los que se sientan las bases de la mediación[134], lo encontramos en el Considerando 23 y el artículo 7 de la Directiva 2008/52/CE, permitiendo a

---

132 *Vid.* VÁZQUEZ DE CASTRO, E. "Consideraciones fundamentales..." *op. cit.* pp. 286-287.

133 *Vid.* GARCÍA VILLALUENGA, L. "La mediación..." *op. cit.* p.732.

134 *Vid.* GARCÍA VILLALUENGA, L. y VÁZQUEZ DE CASTRO, E. "La mediación civil en España: luces y sombras de un marco normativo", *Política y Sociedad,* Vol. 50, núm. 1, 2013. p.93.

los Estados miembros aplicar medidas más restrictivas en aras de salvaguardar la confidencialidad.

En la legislación nacional lo encontramos en el artículo 9 de la Ley 5/2012, donde en su apartado primero se encuentra en su forma objetiva, que lo extiende al procedimiento y a la documentación que se genere o se aporte al mismo, y en el apartado segundo lo encontramos en su manera subjetiva, imponiendo el deber de confidencialidad al mediador[135], amparándolo en el secreto profesional, a las instituciones de mediación, a las partes y a los terceros que intervengan.

La obligación de confidencialidad no es absoluta, así en la Directiva 2008/52/CE se establecen dos excepciones, la primera de ellas son por razones de orden público en el Estado miembro, especialmente en supuestos de protección del interés superior del menor o la prevención de daños a la integridad física o psicológica de una persona, y la segunda se ampara en que el conocimiento del contenido del acuerdo de mediación sea necesario para aplicar o ejecutarlo.

En la Ley de Mediación también contempla dos excepciones al principio de confidencialidad, la pri-

---

[135] "La profesionalidad del mediador y su régimen de responsabilidad es garantía del cumplimiento de este deber" *Vid.* PÉREZ-SERRABONA GONZÁLEZ, J.L. "Mediación en..." *op. cit* p.272.

mera se da cuando las partes de común acuerdo exoneren al mediador de su deber de confidencialidad, haciendo constar de manera expresa y por escrito, y la segunda excepción se da en los casos que el mediador sea requerido para declarar o aportar documentación derivada o relacionada con un procedimiento judicial mediante resolución judicial motivada de un organismo jurisdiccional penal[136], pero lo que no sería aceptable es que las partes acuerden la dispensa mutua de la obligación de no citar al mediador como perito o testigo o que el mediador dejara de someterse a la confidencialidad porque así lo decidan las partes[137].

BARONA VILLAR, analizando las excepciones al deber de confidencialidad en la normativa europea y española se pregunta si sería posible aplicar las excepciones de la Directiva que no están reguladas en España, para terminar manifestando que ni haciendo una interpretación extensiva de la Directiva con la normativa española sería posible su aplicación, sin perjuicio que los reglamentos de las instituciones de mediación incluyesen esas excepciones[138].

---

136 *Inclussio unius, exclussio alterius.*

137 *Vid.* GARCÍA VILLALUENGA, L. "La mediación..." *op. cit.* p.735.

138 *Vid.* BARONA VILAR, S. "Mediación en asuntos..." *op. cit.* p.202.

El fin de este principio es propiciar la cooperación entre las partes y generar la confianza suficiente durante el procedimiento de mediación para lograr llegar a un acuerdo[139], ya que las partes serán más propensas a colaborar y a hablar francamente durante el transcurso de la mediación si conocen que en el caso de una mediación frustrada lo que se diga o se muestre dentro del procedimiento no podrá ser utilizado en su contra[140].

Si alguna de las partes quiere dar información al mediador que no quiere que se haga pública para acreditar hechos o derechos puede realizarlo mediante sesiones individuales o *caucus*, teniendo el mediador la obligación de informar de la celebración del *caucus* a la otra parte pero absteniéndose de revelar la información facilitada en la misma si no ha obtenido previamente el consentimiento de la parte que facilita la dicha información[141].

---

139 *Vid.* ORTIZ PRADILLO, J.C. "Análisis de los principios..." *op. cit.* p.23.

140 En este sentido el artículo 9 de la Ley Orgánica 1/2025, de 2 de enero de medidas en materia de eficiencia del Servicio Público de Justicia no deja lugar a dudas que no se podrá utilizar en un posterior juicio esta información confidencial a excepción de la asistencia de las partes o no al intento de negociación previa y al objeto de la controversia.

141 *Vid.* VÁZQUEZ DE CASTRO, E. "Consideraciones..." *op. cit.* 293.

En referencia al alcance de la confidencialidad en las instituciones de mediación, la propia Ley de Mediación reincide en la misma en su artículo 5.3, cuando las pone bajo la tutela del Ministerio de Justicia y las Administraciones Públicas, en el sentido de tener que dar cuentas del respeto a los principios de medición, del desarrollo de su actividades y de la actuación de los mediadores que las componen.

Las instituciones de mediación son personas jurídicas que no actúan en el proceso de mediación de manera directa, sino a través de una persona física que actúa como mediador, sobre el que recae claramente este deber de confidencialidad amparado por el secreto profesional, pero solo para las profesiones que lleven aparejado el secreto profesional, como lo son médicos, enfermeros, psicólogos, abogados[142], traba-

---

142 Artículo 5.1 del Código Deontológico de la Abogacía Española "La confianza y confidencialidad en las relaciones con el cliente, ínsita en el derecho de éste a su defensa e intimidad y a no declarar en su contra, impone a quien ejerce la Abogacía la obligación de guardar secreto, y, a la vez, le confiere este derecho, respecto de los hechos o noticias que conozca por razón de cualquiera de las modalidades de su actuación profesional, limitándose el uso de la información recibida del cliente a las necesidades de su defensa y asesoramiento o consejo jurídico, sin que pueda ser obligado a declarar sobre ellos como reconoce la Ley Orgánica del Poder Judicial." https://www.abogacia.es/wp-content/

jadores sociales, entre otros[143], y que deberán hacer respetarlo por su personal y cualquier persona que colabore con ellos también, al igual que las instituciones de mediación, que además de los mediadores también cuenta con empleados propios a los que también les afecta directamente el deber de confidencialidad al ser las encargadas de atender inicialmente a las partes y a custodiar el expediente derivado de los expedientes de mediación, debiendo conservar y proteger la información que contienen los mismos.

Este deber de confidencialidad, siendo una conducta de no hacer, es decir, de no difundir, expandir o comunicar ningún tipo de información generada o aportada al procedimiento[144], también es extensible a cualquier tercero que intervenga dentro del procedimiento de mediación, como ayudantes, asesores, peritos, abogados, expertos, testigos...no obstante queda excluido del deber de confidencialidad la identificación de los participantes en la primera sesión informativa, entendiendo la misma como excluida del procedimiento de mediación, donde las partes aún no

---

uploads/2019/05/Codi go-Deontologico-2019.pdf (Consultado el 1 de mayo de 2025).

143 *Vid.* TORRES LANA, J. "Principios rectores..."*op. cit.* p.153.

144 *Vid.* BARONA VILAR, S. "Mediación en asuntos..." *op. cit.* p. 199.

han mostrado su consentimiento para participar en el procedimiento de mediación[145].

Con la firma del contrato de mediación por todas las partes y el mediador se inicia el procedimiento y compromete a todos al respeto de los principios de la mediación y la vulneración del deber de confidencialidad dará lugar a responsabilidades civiles con la indemnización de daños y perjuicios, pudiéndose reclamar no solo los daños materiales que incluirían el daño emergente si no también el lucro cesante correspondiente, y los daños morales siempre que se acredite un perjuicio y se justifique las cantidades reclamadas por dichos conceptos[146]. No existe límite temporal de mantenimiento de la obligación de confidencialidad, no pudiéndose desvelar ningún tipo de información posteriormente[147].

No obstante lo anterior el deber de confidencialidad no alcanza a los acuerdos parciales libremente adoptados durante el procedimiento de mediación,

---

145 *Vid.* MERINO ORTIZ, C. y LASHERAS HERRERO, P. "Artículo 9. Confidencialidad" en CASTILLEJO MANZANARES R., et al. *Comentarios a la Ley 5/2012, de mediación en asuntos civiles y mercantiles,* Tirant lo Blanch, Valencia, 2013, p.117.

146 *Vid.* TORRES LANA, J. "Principios rectores…"*op. cit.* P.156

147 *Vid.* BARONA VILAR, S. "La mediación en asuntos…" *op. cit.* p. 198.

como así lo recoge el Fundamento de Derecho Segundo de la Sentencia del Tribunal Supremo 109/2011, de 2 de marzo[148]:

> "Se centra el motivo en la inadmisión por el Juzgado, en el acto de la audiencia previa, de los documentos acompañados con la contestación a la demanda bajo los números 1 y 3, cuya aportación se consideró ilícita por tratarse de acuerdos concertados en el transcurso de una mediación familiar. Considera la parte recurrente que se infringe con ello lo dispuesto por los artículos 281.1, 283.3 y 287.1 de la Ley de Enjuiciamiento Civil al no existir en la obtención ni en la aportación de dichos documentos vulneración de derecho fundamental alguno, único supuesto en que sería posible la declaración de ilicitud. Añade que tampoco cabe afirmar que el artículo 13 de la Ley 1/2001, de 15 de marzo, de Mediación Familiar en Cataluña, contenga una prohibición de aportación al proceso de los acuerdos obtenidos en el transcurso de la mediación. El motivo se estima ya que los documentos de que se trata guardan directa relación con la tutela judicial que se pretende obtener por la parte demandada (artículo 281.1 LEC), no se refieren a actividad prohibida por la ley (artículo 283.3 LEC) ni se han vulnerado derechos fundamentales al proceder a su obtención (artículo 287.1), al igual que dicha aportación no vulnera lo establecido por el artículo 13 de la Ley 1/2001, de 15 de marzo, de Mediación Familiar en Cataluña. Dispone dicha norma, en su apartado 1, que «en

148 STS 109/2011, Sala Primera, de 2 Marzo, *(Tol 2.055.917)*.

la medida en que en el curso de la mediación se puede revelar información confidencial, la persona mediadora y las partes han de mantener el deber de confidencialidad en relación con la información que se trate. En cumplimiento de este deber, las partes se comprometen a mantener el secreto y, por lo tanto, renuncian a proponer la persona mediadora como testigo en algún procedimiento que afecte al objeto de la mediación; también la persona mediadora debe renunciar a actuar como perito en los mismos casos». De la lectura de dicha norma se desprende que el deber de secreto que alcanza a la persona mediadora y a las propias partes se refiere a "informaciones confidenciales", que lógicamente quedan reservadas al estricto conocimiento de la partes y del mediador, pero no puede extenderse al caso presente en que se pretende traer a un proceso judicial lo que una de las partes considera que es un acuerdo libremente adoptado y referido a las consecuencias de la ruptura matrimonial. Esta Sala ha declarado en sentencia núm. 839/2009 de 29 diciembre, que dicho artículo 287 de la Ley de Enjuiciamiento Civil, como, con carácter más general, el artículo 11.1 de la Ley Orgánica del Poder Judicial, lo que trata de prevenir es la posibilidad de que se obtengan pruebas mediante procedimientos ilícitos que vulneren derechos fundamentales y que dichas pruebas logren efectividad en el proceso. La proclamada inefectividad de las mismas queda determinada legalmente por el hecho de que se haya obtenido la prueba con infracción de un derecho fundamental de rango igual o superior al del propio derecho a la prueba; supuesto que no es el del presente caso."

¿Qué sucede si se vulnera el principio de confidencialidad? La propia Ley 5/2012 en su artículo 9.3 establece que el supuesto generará responsabilidad en los términos previstos en el ordenamiento jurídico. Pero no todas las partes van a responder de igual manera, las partes interesadas firman el acta inicial o constitutiva donde aceptan someterse a los principios de la mediación, situándonos en el marco de la responsabilidad contractual y en cuanto a las instituciones de mediación y al mediador, se tendría que acudir al artículo 14, que además de la responsabilidad civil o penal también llevan acarreadas sanciones disciplinarias ante su incumplimiento[149].

La responsabilidad civil, y el resto de responsabilidades, surgen cuando previamente al comportamiento objeto de reproche, por las partes y el mediador se ha firmado el acta de la sesión constitutiva del artículo 19 de la Ley 5/2012, donde se aceptan voluntariamente los principios y obligaciones derivadas de la mediación, situándonos en un supuesto de responsabilidad civil contractual, al entenderse el acta de la sesión constitutiva como un contrato de mandato del artículo 1.709 del Código Civil, reclamando los daños

149 *Vid.* CABRERO MERCADO, R. y LÓPEZ FERNÁNDEZ, R. "La mediación civil..." *op. cit.* p. 56.

y perjuicios ocasionados[150], con la dificultad probatoria que conlleva, para la estimación judicial de la misma, la prueba y cuantificación de los mismos.

Para responder por los hechos que generen responsabilidad civil el legislador español impuso la obligatoriedad de contratar por parte de los mediadores e instituciones de mediación un seguro de responsabilidad civil que cubra los posibles daños y perjuicios ocasionados "por sus actos y omisiones, o los derivados de la infracción de los principios de imparcialidad y confidencialidad, error profesional o la pérdida o extravío de expedientes y documentos de las partes", como indica el artículo 27 del Real-Decreto 980/2013.

La responsabilidad penal vendría ligada, cuando las partes, el mediador o las instituciones de mediación hubiesen cometido el ilícito penal, con la vulneración del derecho a la intimidad del artículo 18.1 CE[151], que

---

150 *Vid.* PLAZA PENADÉS, J. "Mediación y Responsabilidad Civil" en BOLDÓ RODA, C., ANDREU MARTÍ, M. del M., PIZARRO MORENO, E. y ALFONSO SÁNCHEZ, R. et al *La mediación en asuntos mercantiles*, Tirant lo Blanch, Valencia, 2015, pp.82-83.

151 Constitución Española, *BOE*, Núm. 311 de 29 de diciembre de 1978. https://www.boe.es/buscar/act.php?id=BOE-A-1978-31229 (Consultado el 1 de mayo de 2025).

el Código Penal[152] regula bajo el Título XI "delitos contra el honor" y el capítulo de "delitos contra la intimidad, el derecho a la propia imagen y la inviolabilidad del domicilio" donde encontramos el delito de quebrantamiento del secreto profesional que inciden en la intimidad o en la propia imagen, requiriendo el tipo penal que el secreto que se dé a conocer sea conocido en función de la relación laboral o profesional, por lo que este delito solo es imputable a los mediadores. Es un delito a instancia de parte, no de oficio, por lo que se requería que la víctima presente denuncia o querella[153].

La responsabilidad disciplinaria o deontológica se producen al quebrantar las normas deontológicas o códigos de conducta para mediadores, que llevan aparejadas una sanción en función del tipo de comportamiento y encuadramiento del mismo en el baremo de faltas leves, graves o muy graves, con penas que van desde la mera amonestación, para las más leves, a la expulsión de la institución y cancelación de inscripción en el Registro de Mediadores.

---

152 Ley Orgánica 10/1995, de 23 de noviembre, del Código Penal, *BOE*, Núm. 281 de 24 de noviembre de 1995. https://www.boe.es/buscar/act.php?id=BOE-A-1995-25444 (Consultado el 1 de mayo de 2025).

153 *Vid.* BARONA VILAR, S. "Mediación en asuntos..." *op. cit.* pp. 206-207.

Capítulo III

Mediación obligatoria moderada (MOM), una propuesta de mejora

1. EL ANÁLISIS AXIOMÁTICO DE LA MEDIACIÓN OBLIGATORIA MODERADA

Una propuesta legislativa a considerar sería la introducción de la denominada mediación obligatoria moderada como requisito de admisibilidad de la demanda judicial, concepto similar a la mediación obligatoria mitigada pero que conviene apuntar, pasando a comentar aquí las modificaciones respecto a la LO 1/2025, de 2 de enero, de medidas en materia de eficiencia del Servicio Público de Justicia.

Una de las principales preocupaciones, además de una inexistente vulneración a la tutela judicial efectiva, es que la mediación previa obligatoria, o cualquier otra actividad negociadora, acabe siendo un mero trámite burocrático que retarde el inevitable acceso a la vía jurisdiccional, tal y como lo fue la conciliación regulada en el artículo 460 de la Ley de Enjuiciamiento Civil de 1881 y que fue derogado en 1984 dada su inoperancia.

Tenemos que partir que el Gobierno, además de proponer leyes que se discuten con el resto de grupos parlamentarios y se aprueban en las Cortes, tiene que hacer una gran campaña mediática informativa para dar a conocer la mediación y el resto de MASC, sino es muy probable que todo quede en agua de borrajas. Esta campaña tiene que ser continua y dilatada en el tiempo, abarcando todos los medios de comunicación posibles, tanto los habituales como televisión, radio y prensa como en todas las redes sociales, cosa que pese a estar en vigor la LO 1/2025 no se ha hecho, considero necesario explicar a la ciudadanía lo que es la mediación, sus pautas y el uso de la web y de las aplicaciones confeccionadas expresamente para la realización de la mediación.

Sin la campaña previa que indico la mediación y resto de MASC serán unos completos desconocidos para la ciudadanía hasta que se vean abocados a acudir a la Administración de Justicia para reclamar sus derechos ante cualquier conflicto.

1.1. Conceptualización

La incorporación progresiva de métodos alternativos de solución de controversias en el Derecho español ha culminado recientemente con la consolidación de un marco normativo dual: por un lado, la Ley 5/2012, de 6 de julio, establece el régimen general de la mediación en asuntos civiles y mercantiles; por otro, la Ley Orgánica 1/2025, de 2 de enero, introduce en su artículo 2 una definición amplia y novedosa de los denominados Mecanismos Adecuados de Solución de Controversias (MASC).

La Ley 5/2012 define la mediación como *"un medio de solución de controversias, cualquiera que sea su denominación, en que dos o más partes intentan voluntariamente alcanzar por sí mismas un acuerdo con la intervención de un mediador"* (art. 1). Esta definición subraya tres elementos esenciales: la voluntariedad, la autocomposición (el acuerdo es alcanzado por las propias partes) y la presencia de un tercero neutral, el mediador, que no impone una solución, sino que facilita el diálogo.

Por su parte, la Ley Orgánica 1/2025, en su artículo 2, amplía el espectro conceptual al definir los MASC como *"procedimientos o fórmulas de actuación voluntaria, extrajudicial o intrajudicial, destinados a facilitar la solución total o parcial de los conflictos"*, citando entre ellos la mediación, la conciliación, la oferta vinculante confidencial, el dictamen de experto independiente o la negociación entre abogados.

De esta forma, la mediación se integra como una especie dentro del género de los MASC, lo que refleja una clara voluntad del legislador de dotar de cobertura normativa a diversas modalidades autocompositivas y heterocompositivas. Sin embargo, mientras la mediación presupone la intervención de un tercero facilitador, los MASC engloban también mecanismos sin tercero neutral, como la negociación directa o la oferta vinculante, lo que ha suscitado críticas doctrinales por la ambigüedad terminológica y conceptual de la nueva categoría legal.

En definitiva, la articulación entre ambos conceptos refleja el tránsito de un modelo centrado en la mediación como técnica autónoma, hacia un sistema más amplio y flexible de resolución de disputas, aunque no exento de retos terminológicos, técnicos y constitucionales. La definición de los MASC en la LO 1/2025 amplía las posibilidades del justiciable, pero también demanda al legislador y al aplicador una labor más precisa de delimitación, evaluación y control.

Una vez analizado el marco legal, para definir el concepto de mediación obligatoria moderada empezaré definiendo lo que entiendo por mediación, siendo la mediación cualquier tipo de proceso donde dos o más partes establecen vías de comunicación para intentar solucionar sus conflictos por sí mismos mediante la ayuda de un mediador.

Y se entiende como mediación obligatoria moderada el proceso anterior consistente en la asistencia de las partes, preferiblemente por medios electrónicos, a una sesión informativa sobre la mediación, la realización de un caucus por el mediador con cada una de las partes y una sesión conjunta, donde la asistencia será obligatoria y para el caso de ausencia de alguna de las partes se dará por finalizada la mediación, imponiéndole las costas en el proceso judicial independientemente del resultado de la sentencia, si la hubiere.

1.2. Partes en la mediación obligatoria moderada

En el contexto jurídico español, el procedimiento de mediación se ha consolidado como una alternativa válida y eficaz a la vía jurisdiccional, especialmente tras la entrada en vigor de la Ley 5/2012, de 6 de julio, de mediación en asuntos civiles y mercantiles, y la posterior reforma procesal incorporada por la Ley Orgánica 1/2025, de 2 de enero.

Esta evolución normativa ha introducido una mayor complejidad técnica en torno a las cuestiones relativas a la legitimación para intervenir en mediación, exigiendo un análisis más detallado sobre quién puede ser parte y bajo qué condiciones legales.

Pueden ser parte en un procedimiento de mediación todas aquellas personas físicas que tengan plena capacidad de obrar. Esta capacidad no solo se identifica con la mayoría de edad (dieciocho años), sino también con el pleno ejercicio de las facultades mentales y la no sujeción a medidas de apoyo judicial que restrinjan esa capacidad respecto del objeto del conflicto. La jurisprudencia ha subrayado que no basta con la mayoría de edad formal, sino que la persona debe comprender el alcance del proceso, consentir de forma válida y tener voluntad jurídica de alcanzar acuerdos vinculantes. En los casos de menores emancipados o personas con discapacidad[154], será necesa-

154 Téngase presente lo previsto en los art 249 y 250 del Código Civil sobre medidas de apoyo reformados por la Ley 8/2021, de 2 de junio, por la que se reforma la legislación civil y procesal para el apoyo a las personas con discapacidad en el ejercicio de su capacidad jurídica, en este sentido nos indica COBAS COBIELLA que "La reforma es esencial en materia de persona y el ejercicio de la capacidad, así como en sede de las instituciones tuitivas de la persona. Se fortalece el principio de autonomía de la voluntad, revitalizándose la persona. Dado que el sistema de protección es un paso a un sistema fundamentado en la autonomía de la voluntad, fomentando el desarrollo de la personalidad y el ejercicio del acto de ser humano, ejercer la humani-

rio evaluar en cada caso si reúnen condiciones para intervenir por sí mismos o si deben estar asistidos.

En cuanto a las personas jurídicas, estas podrán participar en mediación a través de sus representantes legales o apoderados debidamente facultados, donde el mediador podrá exigir la exhibición del poder de representación, y su validez podrá ser impugnada si se comprueba la falta de autorización para transigir o comprometerse. Esto es particularmente relevante cuando el acuerdo alcanzado en mediación implica la disposición de bienes o derechos de alto valor económico. La práctica profesional aconseja que la legitimación del representante esté acreditada documentalmente en el acta inicial de la mediación o, en su caso, mediante escritura pública, especialmente si el acuerdo resultante será elevado posteriormente a título ejecutivo o se presentará para su homologación judicial.

También pueden ser parte entidades sin personalidad jurídica, como comunidades de bienes, herencias yacentes, sociedades civiles no inscritas o asociaciones de hecho, siempre que tengan capacidad para obli-

---

dad como derecho y lo que es más importante ser un ente activo en la toma de decisiones". *Vid.* COBAS COBIELLA, M.E. "La incidencia de la Ley 8/2021, de 2 de Junio en el ámbito de la sucesión Mortis Causa" en FEBLES POZO, N. et al *La protección…op. cit.*, p.62.

garse en relación con el objeto del procedimiento. En estos casos, el representante deberá acreditar que actúa en nombre y representación del conjunto, ya sea por acuerdo unánime de los miembros, por estatuto regulador o por designación expresa.

Otro supuesto, aunque menos habitual, es el de los terceros interesados o intervinientes en el conflicto, que sin ser partes principales, pueden verse afectados jurídicamente por el acuerdo alcanzado. La doctrina admite su inclusión en la mediación siempre que concurra el consentimiento de las partes principales y su presencia sea necesaria o útil para resolver integralmente el conflicto. Este tipo de intervención puede ser especialmente relevante en controversias de carácter colectivo, familiar complejo (como herencias con múltiples interesados, custodia compartida con participación de abuelos u otros parientes) o mercantil (como socios no demandantes en conflictos societarios), en los que la solución requiere la participación activa de todos los sujetos cuya posición jurídica pueda verse modificada por los efectos del acuerdo.

Adicionalmente, las partes deben prestar su consentimiento de forma libre, voluntaria, informada y sin presión externa. Este requisito está vinculado con los principios de confidencialidad, imparcialidad del mediador y buena fe en la participación, pilares fundamentales del procedimiento. El consentimiento viciado —por coacción, dolo o error esencial— podría dar lugar a la nulidad del acuerdo alcanzado o a su ineficacia procesal en caso de homologación. Es por ello que el mediador debe velar desde la primera sesión por garantizar que todas las partes comprenden el objeto del conflicto, el alcance del procedimiento y las consecuencias del acuerdo, asegurándose de que no existen desequilibrios materiales o cognitivos entre los participantes que puedan afectar a la validez del consentimiento prestado

En relación con las personas con discapacidad o los menores de edad, la ley prevé su participación mediante representante legal, curador con funciones representativas o mediante asistencia judicial. No obstante, en línea con la Convención de Naciones Unidas sobre los Derechos de las Personas con Discapacidad, se recomienda que los sistemas de mediación estén adaptados a las necesidades de comprensión y expresión de estas personas, garantizando su participación efectiva y respetando su autonomía decisoria en la mayor medida posible. Esto implica el uso de apoyos razonables, ajustes procedimentales, lenguaje accesible y herramientas adaptadas que les permitan intervenir activamente en el proceso, no como sujetos pasivos, sino como titulares de derechos capaces de influir en la solución consensuada del conflicto.

En definitiva, la legitimación para intervenir en mediación se construye sobre tres pilares fundamentales: la capacidad de obrar suficiente, la disponibilidad del objeto del litigio, y la voluntad libre e informada de las partes. A ello debe añadirse una adecuada configuración técnica del procedimiento que permita verificar estos requisitos de forma rigurosa. La mediación no puede convertirse en una herramienta excluyente ni formalista, sino en un espacio de diálogo jurídicamente garantizado. La selección adecuada de los intervinientes, el respeto a su autonomía y la supervisión del cumplimiento de los requisitos de fondo y forma son condiciones imprescindibles para asegurar no solo la validez del acuerdo alcanzado, sino también su legitimidad social y jurídica como verdadero mecanismo alternativo de resolución de conflicto.

Desde la perspectiva del Derecho comparado, cabe señalar que ordenamientos como el italiano, el portugués o el francés establecen criterios similares de capacidad y legitimación, aunque con matices relevantes. En Italia, por ejemplo, se exige que la representación en mediación se acredite expresamente y que el apoderado tenga facultades para conciliar (*poteri di transigere*). En Francia, aunque el procedimiento es más flexible, también se requiere capacidad dispositiva plena y control judicial posterior del acuerdo en ciertos casos, especialmente en materia familiar. En Portugal, la mediación está regulada de forma más centralizada por el Ministerio de Justicia, que exige inscripción en registros oficiales tanto para mediadores como para entidades. Estas diferencias reflejan una convergencia europea hacia modelos que combinan flexibilidad con garantías, subrayando la importancia de asegurar que quienes intervienen en mediación estén realmente facultados para alcanzar acuerdos eficaces, válidos y ejecutable.

Así pues, la identificación de las partes legitimadas en mediación no es un trámite accesorio, sino una garantía de legalidad, eficacia y seguridad jurídica del proceso. Solo asegurando la capacidad, la disponibilidad del objeto y la libre voluntad de intervenir puede consolidarse una cultura jurídica de la mediación respetuosa con los principios del Estado de Derecho.

Además de las partes, el mediador desempeña un rol central en el procedimiento. Podrán ejercer como mediadores las personas naturales en pleno ejercicio de sus derechos civiles, siempre que cuenten con formación específica para ejercer funciones de mediación y se mantengan en condiciones de imparcialidad, neutralidad e independencia.

Esta exigencia de cualificación profesional y ética tiene como objetivo garantizar que el mediador actúe como un facilitador competente del diálogo, sin imponer soluciones ni influir en las decisiones de las partes. La intervención del mediador debe estar guiada por principios de equidistancia, escucha activa, confidencialidad y respeto a la autonomía de la voluntad, asegurando que el proceso se desarrolle de forma equilibrada y con plena seguridad jurídica para todos los intervinientes.

En cuanto a los requisitos de formación, el mediador será un licenciado/graduado en Derecho que deberá tener además una formación específica adquirida mediante la realización de uno o varios cursos impartidos por instituciones debidamente acreditadas. Esta formación específica deberá incluir habilidades comunicativas, técnicas de gestión del conflicto, el manejo de técnicas de negociación, gestión emocional, principios jurídicos aplicables al objeto del conflicto y un conocimiento profundo de los principios de imparcialidad, confidencialidad y voluntariedad y prácticas supervisadas.

Cabe destacar que, además del mediador individual, existen entidades públicas y privadas que actúan como instituciones de mediación, encargadas de administrar procedimientos, asignar profesionales, ofrecer infraestructuras y supervisar la calidad del servicio. Estas instituciones también deben cumplir requisitos normativos, acreditar solvencia técnica y estar inscritas en los registros correspondientes.

En suma, el mediador debe ser un profesional debidamente formado jurídicamente, imparcial, éticamente comprometido y jurídicamente habilitado para conducir el proceso con garantías. Su función no es la de decidir ni aconsejar una solución concreta, sino la de facilitar el diálogo entre las partes, ayudar a identificar intereses comunes y promover acuerdos sostenibles. Su intervención cualificada es un elemento esencial para asegurar el éxito y la legitimidad del procedimiento de mediación.

1.3. Los principios de aplicación directa en la mediación obligatoria moderada

La mediación propuesta estará compuesta por los principios de presencialidad, preferiblemente por medios electrónicos sincrónicos, de igualdad entre las partes, de buena fe, lealtad, respeto mutuo, de imparcialidad, neutralidad, de confidencialidad, de flexibilidad del proceso y por último del principio de voluntariedad y libre disposición al finalizar la sesión conjunta.

La mediación obligatoria moderada que se propone será preferentemente por medios electrónicos, independientemente de la cuantía y de la materia, para materias mediables.

Pasando a analizar los principios que la componen, en cuanto al principio de presencialidad de las partes en el procedimiento de mediación, como se ha dicho previamente la mediación propuesta es preferiblemente por medios electrónicos no pudiendo establecer este medio obligatorio al tener que observar lo dispuesto en la STJUE de 14 de junio de 2017, asunto C-75/16, en su apartado 61, donde entre otros requisitos establece como válida la mediación obligatoria siempre que la mediación por vía electrónica no constituya el único medio para acceder al procedimiento de mediación.

Siempre que sea posible las partes deberán alegar y probar su imposibilidad para no realizar el procedimiento de mediación por medios electrónicos, pues como se ha dicho anteriormente casi todo el mundo dispone de un teléfono inteligente con cámara y micrófono para acreditar la imagen, la voz y puede conectarse a redes *wifis* gratuitas, por lo que el acudir a la mediación electrónica no tiene por qué ser un inconveniente en cuanto a medios materiales se refiere por parte del mediado, y entrando en la pericia o manejo de la tecnología junto con el terminal del que pueda disponer el mediado además por parte del Gobierno tiene que confeccionar plataformas de mediación accesibles desde la web o desde aplicaciones de los teléfonos haciéndolas de muy fácil uso e intuitivas, con teléfono de información a disposición del mediado para cualquier problema que pudiera surgir a la hora de acceder e interactuar con la misma, siendo estas plataformas el lugar desde donde realizar propiamente dicha la mediación, accediendo las partes y el mediador al mismo tiempo, siendo la mediación sincrónica la seleccionada para la realización del procedimiento, si por cualquier circunstancia acreditada la mediación no pueda ser sincrónica se realizará de manera asincrónica.

Como se ha dicho la mediación se realizará por medios electrónicos salvo que la parte o partes aleguen y acrediten su imposibilidad de realización de la misma por medios electrónicos o cuando iniciada la misma por parte del mediador, para el buen desarrollo del procedimiento de mediación aconseje la realización de las sesiones de manera presencial.

En cuanto a los principios de igualdad entre las partes, de buena fe, lealtad, respeto mutuo, de imparcialidad, neutralidad y de confidencialidad se estará a lo regulado actualmente en la LO 1/2025.

1.4. Ámbitos materiales perceptibles de aplicabilidad de la MOM

No todas las materias son mediables, así lo recoge la propia Directiva 2008/52/CE en su artículo 2, donde limita su transposición a litigios transfronterizos sin impedir que la misma se transponga al ordenamiento interno de cada Estado Miembro, para asuntos civiles y mercantiles, con la salvedad de aquellos derechos y obligaciones que no estén a disposición de las partes, así como tampoco es de aplicación la citada directiva a asuntos fiscales, aduaneros o administrativos ni a la responsabilidad del Estado por acciones y omisiones en el ejercicio de su autoridad soberana.

En nuestra normativa nacional encontramos las materias en el artículo 2 de la Ley 5/2012, donde se excluye la mediación penal, la mediación con las Administraciones Públicas y la mediación laboral, circunscribiéndose a los asuntos civiles y mercantiles, incluidos los transfronterizos, e igual que la Directiva 2008/52/CE, siempre que no afecten a derechos y obligaciones que no estén a disposición de las partes en virtud de la legislación aplicable.

En cuanto a la libre disposición de las materias a mediar, en el ámbito civil y mercantil la regla va a ser la libre disposición y la excepción la no disponibilidad[155], desde un punto de vista material, solo podrán ser objeto de mediación los denominados derechos disponibles, es decir, aquellos sobre los que las partes pueden disponer libremente conforme al ordenamiento jurídico.

Esta limitación viene expresamente recogida en el artículo 2 de la Ley 5/2012 y es coherente con el principio de legalidad, que impide someter a mediación cuestiones de orden público o que afecten

---

155 *Vid.* BARONA VILAR, S. "Mediación en asunto..." *op. cit.* p.179.

a intereses indisponibles como la patria potestad, la nacionalidad, el estado civil, o la imposición de sanciones penales o administrativas. En consecuencia, no pueden mediarse materias cuyo contenido esté fuera del poder de disposición de las partes, ni aquellas que requieran intervención o autorización exclusiva de la autoridad pública, como las decisiones judiciales sobre internamientos, la adopción o la nulidad matrimonial, asegurando así que la mediación no invada competencias reservadas ni desnaturalice principios estructurales del Derecho

Por tanto, no son mediables conflictos que impliquen sanciones penales, potestades administrativas indelegables, nulidad de matrimonio, incapacitación o internamiento forzoso. Tampoco podrán ser objeto de mediación los alimentos futuros —por su carácter indisponible y esencial para la subsistencia— ni aquellas cuestiones en las que se persiga una pretensión con dimensión colectiva o de orden público que no pueda ser transigida entre particulares.

Del mismo modo PÉREZ-UGENA COROMINA recoge que la capacidad de las partes a la hora de disponer de las materias a mediar no puede ser absoluta: "lo que supone que quedarán excluidas todas aquellas cuestiones que afectan de manera directa o indirecta al estatuto de la persona y a sus derechos fundamentales a los que se refieren los artículos 14 a

29 CE"[156], siendo el orden público el que dispone las materias que quedan fuera de la mediación.

Para obtener la pretensión de una materia indisponible por las partes hay que acudir a la vía jurisdiccional necesariamente para que la otorgue mediante sentencia, con la posible intervención del Ministerio Fiscal, que como órgano público sujeto al principio de legalidad, debe intervenir siempre que así se indique legalmente[157].

Es por ello que el mediador debe tener un buen fundamento jurídico para estudiar el caso y discernir si la materia es mediable o no, puesto que él es el garante del proceso de mediación, de ahí la importancia de la formación del mediador, teniendo que analizar la legislación autonómica aplicable, la Ley 5/2012, el Código Civil o el Código de Comercio, y en el supuesto de no disponer de formación jurídica deberá de asesorarse por un jurista al respecto[158].

¿Qué materias serían mediables en la mediación obligatoria moderada? Sobre este aspecto tomo de referente el artículo 5 apartado 2° y 3° de la LO 1/2025,

---

156 *Vid.* PÉREZ-UGENA COROMINA, M. *El uso on-line de la mediación, servicio de solución de conflictos: Un instrumento para las situaciones de crisis,* Dykinson, Madrid, 2020, p. 31.

157 *Vid.* BARONA VILAR, S. *Mediación en asuntos…*..op.cit. p.179.

158 *Vid.* TORRES OSORIO, E. *La mediación a la luz*...op. cit. p.325.

pero excluyendo el procedimiento monitorio de un intento de mediación obligatoria previa al entender dicho procedimiento como un mero requerimiento de pago y para el caso que la parte requerida se opusiera, en los supuestos de juicios ordinarios previamente a la interposición de la demanda la parte demandante tendría que solicitar la mediación obligatoria moderada y para los procedimientos verbales el órgano judicial los derivaría a un procedimiento de mediación.

Por el contrario añadiría como requisito de procedibilidad la mediación obligatoria moderada en los procedimientos ejecutivos pero al tener su origen en un procedimiento declarativo previo con una resolución firme, la mediación obligatoria moderada sería más ágil y estaría compuesta de una sesión informativa y una sesión conjunta que se realizarían de manera continuada, donde las partes tienen que acudir de buena fe con la voluntad de alcanzar acuerdos y sin ánimos dilatorios. En el supuesto que una de las partes no se presentase se daría por finalizada la mediación, expidiéndose el certificado de intento de mediación obligatoria moderada para que la demanda ejecutiva pudiera ser admitida a trámite y despacharse ejecución. Esta sesión doble realizada de manera continuada, la sesión informativa y la sesión conjunta no podrá tener una duración superior a 60 minutos en total, salvo que en función del desarrollo de las mismas el mediador decida concederle más tiempo.

Las partes podrán acudir a la mediación obligatoria moderada asistida de sus respectivos abogados si así lo desean y para supuestos donde los mediados sean beneficiarios del derecho de Asistencia Jurídica Gratuita la asistencia de cada sesión a la que asistan los letrados estará sufragada por la misma.

1.5. Indicaciones específicas de observancia en el procedimiento de desarrollo de la MOM

Se distinguen dos tipos de mediación, la mediación voluntaria que se seguirá rigiendo por lo dispuesto legalmente hasta ahora, siguiendo las guías o protocolos de actuación en función del mediador o la institución de mediación encargada de ello y la mediación obligatoria moderada, que se regirá por lo dispuesto en la LO 1/2025 y la Ley 5/2012, con las modificaciones que se recogen en el presente apartado.

La mediación obligatoria moderada se compondrá necesariamente de una sesión informativa conjunta, de un caucus o sesión individual con cada una de las partes y para finalizar de una sesión conjunta, realizadas de manera continuada en el mismo acto, ampliables a más sesiones si las partes al finalizar la sesión conjunta manifiestan su voluntad de continuar con el procedimiento de mediación.

Si por el contrario las partes manifiestan que no quieren continuar el procedimiento de mediación una vez finalizada la sesión conjunta, la mediación se dará por finalizada y las partes serán libres de interponer una demanda judicial sobre el fondo del asunto sobre el que se ha intentado la mediación. Para ello el mediador certificará el fondo del asunto y que el intento, esta vez real de mediación se ha celebrado sin acuerdo, teniéndose que aportar dicho certificado junto con la demanda para dar por cumplido el requisito de admisibilidad. Este certificado de intento de mediación obligatoria moderada tendrá una duración de 6 meses de validez para dar por cumplido el requerimiento de admisibilidad.

La duración máxima de la sesión informativa y de las sesiones individuales no podrá superar los 30 minutos, salvo que el mediador entienda necesario ampliar el tiempo de la misma en función de su desarrollo y la duración máxima de la sesión conjunta final no podrá exceder de 45 minutos, salvo que por parte del mediador y en función del desarrollo de la misma considere ampliarla.

Para el caso que las partes quieran continuar el procedimiento de mediación una vez finalizada la primera reunión conjunta, el mediador y de conformidad con las partes se agendarán las sesiones que consideren oportunas, entrando aquí el principio de flexibilidad que caracteriza a la mediación pero teniendo presente que el procedimiento de mediación no puede superar los 60 días desde su inicio, considerándose su inicio el día que el mediador contactó con las partes para citarles a la sesión informativa, caucus y sesión conjunta.

Si las partes llegaran a un acuerdo dentro del procedimiento de mediación este será consensuado por las partes y redactado por el mediador, que necesariamente tendrá que tener formación jurídica, necesitando los mediadores que no cuenten con formación jurídica la intervención de un mediador que disponga de ella para redactar el contenido del acuerdo, que será firmado por todas las partes y el mediador expedirá una copia certificada del mismo, no siendo necesaria su elevación a documento público a efectos de ejecución, al igual que los laudos arbitrales. Para el caso de mediaciones derivadas judicialmente, en caso de acuerdo sí se podrá solicitar la homologación judicial del acuerdo.

Para el caso que las partes no lleguen a un acuerdo el mediador realizará un informe fundamentado jurídicamente con el acuerdo que él, dadas las circunstancias hubiese considerado ajustado a Derecho, que se adjuntará a la certificación de haberse intentado la mediación, y al igual que pasa en Italia si la sentencia obtenida fuese muy similar al citado informe se condenará en costas o no tendrá acceso a su tasación la parte que no estuvo de acuerdo en la adopción del acuerdo de mediación.

La redacción del citado informe jurídico se realizará por mediadores con formación jurídica, teniendo que participar al menos un mediador con la citada formación en el procedimiento de mediación, junto con mediadores con otras formación necesarias en función del tipo de conflicto si fuera necesario, teniendo presente la comediación permitida por ley.

El intento de mediación voluntaria no servirá para dar por cumplido el requisito de procedibilidad dada la diversidad de protocolos existentes en función de la institución que se ocupe de la misma.

En cuanto a la mediación intrajudicial, será anecdótica o residual al haberse tenido que pasar previamente por la mediación para acceder a los tribunales, pero si pese a haberse realizado una mediación previa a la interposición de la demanda judicial y una vez dentro del proceso judicial el Letrado de la Administración de Justicia o el Juez considerasen que dadas las circunstancias sería conveniente que el proceso sea objeto nuevamente de sometimiento a un proceso de mediación convocaría a las partes a una audiencia para exponerles sus razonamientos para remitirlos nuevamente a mediación, donde las partes podrán expresar su acuerdo o desacuerdo y sus motivos para oponerse a acudir nuevamente a mediación, oídas todas las partes si una de las partes ha manifestado su voluntad de no someterse nuevamente a mediación continuarán su trámite las actuaciones y si por el contrario todas las partes mostraran su conformidad para acudir nuevamente a mediación se interrumpiría los plazos de caducidad y prescripción. No obstante las partes también tienen la capacidad de acudir a la mediación nuevamente dentro de un procedimiento judicial, solicitando la suspensión del procedimiento para acudir a la mediación, vía artículo 19.4 LEC.

1.6. Costes de la mediación obligatoria moderada

En cuanto a los costes de la mediación obligatoria moderada cogiendo como referencia los costes de la mediación obligatoria de Italia[159], y aplicando una ade-

---

159 Decreto 24 ottobre 2023, n. 150. Regolamento recante la determinazione dei criteri e delle modalità di iscrizione e tenuta del registro degli organismi di mediazione e dell'elenco degli enti di formazione, nonchè l'approvazione delle indennità spettanti agli organismi, ai sensi dell'articolo 16 del decreto legislativo 4 marzo 2010, n. 28 e l'istituzione dell'elenco degli organismi ADR deputati a gestire le controversie nazionali e transfrontaliere, nonchè il procedimento per l'iscrizione degli organismi ADR ai sensi dell'articolo 141-decies del decreto legislativo 6 settembre 2005, n. 206 recante Codice del consumo, a norma dell'articolo 7 della legge 29 luglio 2003, n. 229. (23G00163) Gazzetta Ufficiale della Repubblica Italiana, 255, de 31 de octubre de 2023. https://www.gazzettaufficiale.it/eli/gu/2023/10/31/255/sg/pdf (Consultado el 1 de mayo de 2025).

cuación de los mismos al PIB per cápita español comparado con el PIB per cápita italiano[160], las tasas serían:

Tabla del coste de la mediación 2024

Cuantía del procedimiento	Coste mediación	
	Mínimo	Máximo
Hasta 1.000,00€	68,68 €	137,37 €
De 1.001,00 € a 5.000,00 €	137,37 €	249,00 €
De 5.001,00 € a 10.000,00 €	249,00 €	377,78 €
De 10.001,00 € a 25.000,00 €	377,78 €	618,18 €
De 25.001,00 € a 50.000,00 €	618,18 €	1.030,32 €
De 50.000,00 € a 150.000,00 €	1.030,32 €	1.287,90 €
De 150.001,00 € a 250.000,00 €	1.287,90 €	2.146,50 €
De 250.001,00 € a 500.000,00 €	2.146,50 €	3.348,54 €
De 500.001,00 € a 1.500.000,00 €	3.348,54 €	3.949,56 €
De 1.500.001,00 € a 2.500.000,00 €	3.949,56 €	5.580,90 €
De 2.500.001,00 € a 5.000.000,00 €	5.580,90 €	8.586,00 €

160 El PIB per cápita español supone un 87,65% del PIB per cápita italiano en el año 2024, por lo que se han reducido las tasas italianas en 12,35% para adecuarlas al poder adquisitivo español. https://datosmacro.expansion.com/paises/comparar/espana/italia?sc=XE15 (Consultado el 1 de mayo de 2025).

Para valores superiores a 5.000.000,00 euros, se aplicará un coeficiente del 0,1% para el tramo mínimo y para el máximo del 0,2%. Cuando el valor del litigio sea indeterminable, se le otorgará un valor de 24.000,00 €[161].

Dichos costes serán obligatorios para cada parte si la mediación es obligatoria moderada, que incluye la sesión informativa, los caucus y la sesión conjunta. Su importe se reducirá en una quinta parte si la mediación proviene derivada de un órgano judicial.

El coste se divide en coste mínimo y máximo, siendo el importe mínimo el coste habitual y el máximo para supuestos de especial complejidad o una pluralidad de partes superior a tres.

Los anteriores costes serán gratuitos para las personas beneficiarias del derecho de asistencia jurídica gratuita.

Los costes que se abonen para realizar una mediación obligatoria moderada serán desgravables en el Impuesto de la Renta de las Personas Físicas, tal y como en su día las personas que adquirían un inmueble para dedicarlo a vivienda habitual se podían desgravar parte del préstamo hipotecario, hasta un máximo de 550 euros por ejercicio fiscal.

---

161 Por analogía en aplicación del artículo 394.3 LEC

Con estas medidas, es decir, con la imposición de la mediación obligatoria moderada tal y como se plantea, se evita que se convierta en un trámite burocrático más que impida o retarde innecesariamente el acceso a la vía jurisdiccional, poniéndose en práctica la mediación, dada a conocer a la ciudadanía previamente con las compañas informativas que tiene que acometer el gobierno, y para el supuesto que no hubiese un acuerdo las partes serían libres de acudir a la vía jurisdiccional.

Esperando que una parte considerable de las mediaciones obligatorias moderadas finalicen el acuerdo redundará en una reducción de litigios judiciales, recuperando la Administración de Justicia un normal funcionamiento para un Estado de Derecho avanzado como el nuestro.

Conclusiones

Primera.— el artículo 2 de la LO 1/2025 introduce por primera vez una definición legal del concepto MASC. Este artículo incluye modalidades heterogéneas como la mediación, la conciliación, la oferta vinculante confidencial, el dictamen de experto independiente o la negociación entre abogados. Aunque esta amplitud busca favorecer la flexibilidad y la adaptabilidad al tipo de conflicto, también genera ambigüedad. La falta de desarrollo reglamentario detallado sobre los requisitos, procedimientos y efectos jurídicos de cada modalidad puede producir decisiones contradictorias en la práctica forense. Subrayo la importancia de establecer criterios interpretativos claros y estándares mínimos comunes para garantizar la seguridad jurídica y la igualdad de las partes ante el sistema.

Segunda.— la propuesta de mediación obligatoria moderada (MOM) representa una respuesta técnica ponderada frente al debate entre voluntariedad y obligatoriedad de los MASC. Mientras que imponer un requisito incondicionado de mediación puede vulnerar el derecho a la tutela judicial efectiva, su completa voluntariedad ha demostrado ser insuficiente para fomentar su uso real. El modelo MOM encuentra un punto de equilibrio al exigir el intento de solución extrajudicial como regla general, que permite de manera efectiva a los ciudadanos conocer y participar activamente del procedimiento autocompositivo de solución de conflictos tomando consciencia de la postura contraria para llegar a acuerdos satisfactorios.

Tercera.— la LO 1/2025 ha sido concebida como una norma de reformas dispersas en múltiples textos legales (Ley de Enjuiciamiento Civil, Ley de Asistencia Jurídica Gratuita, etc.), lo que ha generado una estructura normativa fragmentada. La técnica legislativa adoptada dificulta la comprensión global del sistema y puede provocar una aplicación desigual entre órganos jurisdiccionales. Se denuncia que el legislador ha evitado una codificación sistemática o una ley integral de medios adecuados de solución de conflictos, optando por parches normativos sin coherencia interna suficiente. Esta crítica no es menor, pues una arquitectura legal confusa debilita la implementación práctica del modelo MOM, al impedir una interpretación armónica y una aplicación uniforme por parte de los jueces y operadores jurídicos.

Cuarta.— la exigencia de un MASC como requisito de admisibilidad plantea una tensión directa con el artículo 24 CE. Se recuerda que, según el Tribunal Constitucional, no todo obstáculo formal es inconstitucional, pero debe cumplir estrictamente los principios de necesidad, idoneidad y proporcionalidad. En este sentido, la MOM se presenta como un modelo que intenta evitar la desnaturalización de los derechos fundamentales, al prever fórmulas flexibles, supuestos de dispensa motivada y la posibilidad de que el juez valore de forma razonada si el requisito se ha cumplido o si puede ser subsanado. Esta flexibilidad es crucial para evitar una interpretación automática que derive en resoluciones de inadmisión sin verdadera ponderación del caso concreto.

Quinta.— una de las advertencias a tener en cuenta es que imponer la mediación como requisito de procedibilidad no basta por sí sola para generar una cultura de resolución extrajudicial de conflictos. Si no se garantiza la calidad del procedimiento, la formación de los profesionales, la legitimidad de los organismos y la percepción social de utilidad, el sistema quedará vacío de contenido. En este sentido, el modelo MOM requiere una política pública coherente que incluya campañas de sensibilización, incentivos económicos, regulación técnica clara y profesionalización. Además, se debe evitar que el intento de MASC se convierta en una simulación o en un simple obstáculo burocrático sin impacto real en la solución del conflicto.

Sexta.— el modelo MOM, a diferencia de otros regímenes más estrictos, permite canalizar los conflictos hacia formas colaborativas sin cerrar completamente el acceso a la jurisdicción. Esta función de filtro razonado permite aliviar la carga de los tribunales en casos susceptibles de solución consensuada, al tiempo que preserva el derecho a litigar en los supuestos que realmente lo requieren. La clave del éxito del filtro reside en su diseño normativo: deben existir excepciones claras, procedimientos accesibles, y sobre todo una garantía de que la valoración del cumplimiento del requisito no derive en arbitrariedad judicial.

Séptima.— el intento obligatorio de un MASC solo puede cumplir su función si va acompañado de controles de calidad institucional y técnica. Se propone que se regulen los requisitos formales mínimos que debe tener una sesión de mediación, se establezcan protocolos de actuación, se exija la intervención de profesionales debidamente acreditados, y se cree un sistema de seguimiento y evaluación continua. Sin estos elementos, el intento de MASC puede convertirse en una carga procesal ineficaz y hasta perjudicial. Asimismo, el texto exige un régimen de responsabilidad profesional y una auditoría externa sobre el funcionamiento de los organismos de mediación.

Octava.— la monografía cierra con una reflexión estructural: la mediación obligatoria moderada no puede entenderse como una solución puntual ni como una herramienta aislada, sino como parte de una reforma integral del sistema de justicia civil. Esto incluye la adaptación de la Ley de Enjuiciamiento Civil, el diseño de planes de formación continua, la implicación de los colegios profesionales y el desarrollo de herramientas tecnológicas para facilitar el acceso. Se advierte que, sin un compromiso político y presupuestario sostenido, la MOM corre el riesgo de fracasar como ocurrió con otras iniciativas anteriores. En cambio, si se inserta en una lógica de transformación institucional, puede convertirse en el eje de un nuevo modelo de justicia participativa, dialogada y sostenible.

Novena.— el panorama comparado muestra que España se suma a una corriente reformista donde la justicia tradicional se complementa con vías negociadoras. La Ley Orgánica 1/2025 es, ciertamente, vanguardista en Europa por la amplitud de asuntos que abarca y la variedad de métodos que reconoce. Ello supone tanto una oportunidad de modernización (si logra implantarse una verdadera "cultura del acuerdo" como en algunos países anglosajones) como un riesgo de replicar problemas ya vistos en otros sistemas (cumplimientos meramente formales, sobrecarga de los servicios de mediación, etc.). La experiencia comparada sugiere que el éxito de estas medidas depende en gran medida de la actitud de los operadores jurídicos (jueces, LAJs, abogados, procuradores, fiscales) y de campañas pedagógicas al público, más que de la mera letra de la ley.

Bibliografía

AGUILÓ REGLA, J. *El arte de la mediación: argumentación, negociación y mediación*, Ed. Trotta, Madrid, 2015.

ALCALÁ-ZAMORA Y CASTILLO, N. *Proceso, autocomposición y autodefensa,* 1.ª ed., Ediciones Olejnik, Santiago de Chile, 2019.

ÁLVAREZ GARCÍA, H. "La premediación como presupuesto procesal de admisibilidad versus el derecho fundamental de acceso a la jurisdicción" en CABRERA MERCADO, R. (Dir.) et al *La mediación como método para la resolución de conflictos,* Dykinson, Madrid, 2017, pp.85-96.

ARANDA JURADO, M. "La mediación obligatoria mitigada como instrumento para la promoción de la mediación en los asuntos civiles y mercantiles en el ordenamiento jurídico español" en JIMÉNEZ CONDE, F. et al. *Justicia : ¿Garantías versus eficiencia?,* Tirant lo Blanch, Valencia, 2020, pp. 527-536.

ARMAS HERNÁNDEZ, M. "La mediación en la resolución de conflictos" [en línea] *Educar,* Núm. 32, 2003, pp. 125-136. https://ddd.uab.cat/pub/educar/0211819Xn32/0211819Xn32p125.pdf (Consultado el 1 de mayo de 2025).

BARONA VILAR S. *Mediación en asuntos civiles y mercantiles en España.* Tirant lo Blanch, Valencia, 2013.

BARONA VILAR, S., "¿Qué y por qué la mediación?", en ORTEGA GIMÉNEZ, A., COBAS COBIELLA, M.E. et al *Media-*

ción en el ámbito civil, familiar, penal e hipotecario, Cuestiones de actualidad, Difusión Jurídica, Madrid, 2013, pp. 15-49.

BARONA VILAR S. *Nociones y Principios de las ADR. (Solución Extrajurisdiccional de Conflictos),* Tirant lo Blanch, Valencia, 2018.

BARONA VILAR, S. "ADR y jurisdicción, de vidas paralelas a su integración en el paradigma de justicia del siglo XXI (una reflexión acerca de sus retos y peligros con ojos de mujer)" en ETXEBARRÍA ESTANKONA, K., ORDEÑANA GEZURAGA, I. y OTAZUA ZABALA, G. (Dirs.) *Justicia con ojos de mujer: cuestiones procesales controvertidas,* Tirant lo Blanch, Valencia, 2018, pp.177-208.

BLANCO CARRASCO, M. *Mediación y sistemas alternativos de resolución de conflictos. Una visión jurídica,* Reus, Madrid, 2009.

BLANCO CARRASCO, M. "Artículo 10. Las Partes de la mediación" en GARCÍA VILLALUENGA, L. (Dir.) y ROGEL VIDE, C. (Dir.) *Mediación en asuntos civiles y mercantiles. Comentarios a la Ley 5/2012,* Ed. Reus, Madrid, 2012, pp. 139-148.

CABRERA MERCADO, R. "Procedimiento de mediación y acuerdo" en CABRERA MERCADO, R. y LÓPEZ FERNÁNDEZ, R. *La mediación civil, mercantil y concursal,* Wolters Kluwer, Madrid, 2018, pp.65-92.

CABRERA MERCADO, R. y LÓPEZ FERNÁNDEZ, R. "Mediación civil y mercantil" en CABRERA MERCADO, R. y LÓPEZ FERNÁNDEZ, R. *La mediación civil, mercantil y concursal,* Wolters Kluwer, Madrid, 2018, pp.11-64.

CARRETERO MORALES, E. *La mediación civil y mercantil en el sistema de Justicia,* Dykinson, Madrid, 2016.

CARRETERO MORALES, E. "¿Puede contribuir el nuevo modelo de "obligatoriedad mitigada" de la mediación a mejorar la eficiencia del proceso civil? Breve análisis del anteproyecto de ley de impulso de la mediación" en JIMÉNEZ CONDE, F. et al. *Justicia : ¿Garantías versus eficiencia?*, Tirant lo Blanch, Valencia, 2020, pp.579-588.

CASTÁN TOBEÑAS, J. *Derecho civil español, común y foral*, Tomo III, 13.ª Ed., Reus, Madrid, 1983.

COBAS COBIELLA, M.E. "Jurisdicción Voluntaria y Modernización de la Justicia. Algunos apuntes sobre el tema." [en línea] *Revista de Derecho Patrimonial*, Núm. 29, Sección Doctrina, Tercer cuatrimestre de 2012, pp.153-172.

COBAS COBIELLA, M.E. "La mediación y la autonomía de la voluntad. Notas introductorias sobre la cuestión" en ORTEGA GIMÉNEZ, A., COBAS COBIELLA, M.E. BARONA VILAR, S. et al *Mediación en el ámbito civil, familiar, penal e hipotecario, Cuestiones de actualidad*, Difusión Jurídica, Madrid, 2013, pp. 81-104

COBAS COBIELLA, M.E. "La intermediación hipotecaria en sede de ejecución hipotecaria. Luces y sombras sobre la cuestión", *Revista Práctica de Derecho*, Sepín, Núm. 160, mayo 2014, pp. 5-40.

COBAS COBIELLA, M. E., "Mediación familiar. Algunas reflexiones sobre el tema", *Revista Boliviana de Derecho*, número 17, enero 2014, pp. 32-51.

COBAS COBIELLA, M.E. "Transparencia en el procedimiento de mediación. Especial caso de la empresa familiar" en COBAS COBIELLA, M.E. et al *Equidad y transparencia en la prestación de servicios*, Dykinson, Madrid, 2023, pp.197-222.

COBAS COBIELLA, M.E. *Mediación en el ámbito cultural*, Dykinson, Madrid, 2024.

COBAS COBIELLA, M.E. "La incidencia de la Ley 8/2021, de 2 de Junio en el ámbito de la sucesión Mortis Causa" en

FEBLES POZO, N. et al *La protección jurídica de las personas con discapacidad: Perspectiva interna e internacional,* Aranzadi, Cizur Menos, 2024, pp. 59-91.

CONFORTI,.F. "La sesión informativa obligatoria en la mediación intrajudicial en España" [en línea] *Diario La Ley,* Núm. 8486, Sección Doctrina, 23 de Febrero de 2015, pp.1-12.

CONSEJO GENERAL DE LA ABOGACÍA ESPAÑOLA (2025). *Guía sobre los mecanismos adecuados de solución de controversias (MASC),* CGAE, Madrid, pp. 1-55. https://www.abogacia.es/wp-content/uploads/2025/04/GUIA_MASC_CONSEJO_GENERAL_ABOGACIA.pdf

CORREA CAMUS, P. "La experiencia de la mediación familiar en Chile. Elementos para una política pública futura", *Revista Chilena de Derecho y Ciencia Política,* mayo-agosto 2014, Núm. 2, pp. 111-137. https://dialnet.unirioja.es/descarga/articulo/4828164.pdf (Consultado el 7 de marzo de 2025).

DE LA OLIVA SANTOS, A. "Mediación y Justicia: síntomas patológicos" [en línea], *Otrosí,* Núm. 8, 2011. https://document-andresdelaoliva.blogspot.com/2011/12/mediacion-y-justicia-sintomas.html (Consultado el 10 de abril de 2025).

DE PALO, G., D'URSO, L. et al., *'Rebooting' the Mediation Directive: Assessing the Limited Impact of its Implementation and Proposing Measures to Increase the Number of Mediations in the EU,* Parlamento Europeo, 2014, https://www.europarl.europa.eu/thinktank/en/document/IPOL-JURI_ET(2014)493042 (Consultado el 1 de mayo de 2025).

DÍAZ MARTÍNEZ, M. "El monopolio estatal de la jurisdicción, principio de exclusividad y unidad jurisdiccional" en

GIMENO SENDRA, V., DÍAZ MARTÍNEZ, M. y CALAZA LÓPEZ, M. *Introducción al derecho procesal,* 1a edición, Valencia, Tirant lo Blanch, 2020, pp. 83-92.

DÍAZ MARTÍNEZ, M. "Los Derechos Fundamentales del artículo 24.2 de la Constitución" en GIMENO SENDRA, V., DÍAZ MARTÍNEZ, M. y CALAZA LÓPEZ, M. *Introducción al derecho procesal,* 1a edición, Valencia, Tirant lo Blanch, 2020, pp. 275-289.

DÍEZ PICAZO, L. y GULLÓN BALLESTEROS, A. *Sistemas de Derecho Civil,* Vol. II, 9.ª Ed. Tecnos, Madrid, 2001.

FERNÁNDEZ ROZAS, J. C. (2025). "Reforma y modernización de la Justicia: El impacto de los métodos adecuados". *La Ley Mediación y Arbitraje,* n.º 22, pp. 1-56.

FLORS MATIES, J. *Tribunales de Instancia. Solución extrajudicial de controversias y reforma del proceso civil,* Tirant lo Blanch, Valencia, 2025.

GARCÍA ÁLVAREZ, R. "La mediación civil y mercantil en el Real Decreto-Ley 5/2012" [en línea], *Diario La Ley,* Núm. 7828, Sección Tribuna, 29 de Marzo de 2012, pp.1-7.

GARCÍA CUBERO, G. "Mediación por medios electrónicos: Procedimientos y herramientas" en SOLETO MUÑOZ, H. et al *Mediación y resolución de conflictos: técnicas y ámbitos,* 3.ª Edición, Tecnos, Madrid, 2017, pp.454-470.

GARCÍA VILLALUENGA, L. "La mediación a través de sus principios reflexiones a la luz del anteproyecto de ley de mediación en asuntos civiles y mercantiles." *Revista general de legislación y jurisprudencia,* Núm. 4, 2010, pp.717-756.

GARCÍA VILLALUENGA, L. y VÁZQUEZ DE CASTRO, E. "La mediación civil en España: luces y sombras de un marco normativo", *Política y sociedad,* Vol. 50, núm. 1, 2013, pp.71-98.

GARRIGUES, "Publicada la nueva Ley Orgánica que modifica la organización judicial e introduce la obligación de los MASC", [en línea] *Resolución de conflictos: Litigación y Arbitraje*, enero 2025, pp. 3-4. https://www.garrigues.com/sites/default/files/noticias/files/20250103_ley-organica-eficiencia-organizativa.pdf (Consultado el 27 de abril de 2025).

GIMENO SENDRA, V. "El Fundamento de la Jurisdicción" en GIMENO SENDRA, V., DÍAZ MARTÍNEZ, M. y CALAZA LÓPEZ, M. *Introducción al derecho procesal*, 1a edición, Valencia, Tirant lo Blanch, 2020, pp.31-47.

GÓRRIZ LÓPEZ, C. "Mediació Concursal" en MORENO OLIVER, F. et al *Bases de mediació*, Universitat Autònoma de Barcelona, Bellaterra, 2014, pp. 71-78.

GUILLÉN CATALÁN, R. "La mediación como mecanismo colaborativo de la continuidad de la empresa familiar" en GUILLÉN CATALÁN, R., QUINZÁ REDONDO P., MONTESINOS GARCÍA A, BLANCO GARCÍA A.I., ARMENGOT VILAPLANA A., PATRAO A., et al *Tratado de Mediación*, Tomo III Mediación en conflictos de familia. Tirant lo Blanch, Valencia, 2017, pp. 125-142.

HERRERA DE LAS HERAS, R. "La mediación obligatoria para determinados asuntos civiles y mercantiles", *InDret. Revista para el análisis del derecho*, Núm. 1, 2017, pp.1-23. https://indret.com/wp-content/themes/indret/pdf/1282.pdf (Consultado el 1 de mayo de 2025).

HINOJOSA SEGOVIA, R. "Los medios adecuados de solución de controversias en el Proyecto de Ley de medidas de eficiencia procesal del servicio público de justicia" [en línea], *La Ley, Mediación y Arbitraje*, Núm. 11, Sección Novedades de ADR, Wolters Kluwer España, 2022, pp. 1-27.

IGLESIAS CANLE, I.C. "La mediación civil y mercantil y la tutela judicial efectiva a la luz de las nuevas reformas procesales" en TIERNO BARRIOS, S. RUIZ LÓPEZ, C. y RODRÍGUEZ GARCÍA, N. *Justicia restaurativa y medios adecuados de solución de conflictos*, Dykinson, Madrid, 2023, pp.199-210.

LALAGUNA HOLZWARTH, M. "ADR híbridos, en especial, ARB-MED-ARB: una forma muy prometedora de emparejar a la mediación y el arbitraje", [en línea] *Actualidad Jurídica Aranzadi*, Núm. 973, 2021, pp.1-2.

LIBERMAN, JETHRO K., HENRY, JAMES, F. "Lessons from the Alternative Dispute Resolution movement", *University Chicago Law Review*, Núm. 53/1986.

LÓPEZ FERNÁNDEZ, R. "Los principios que informan el procedimiento de mediación" en CABRERA MERCADO, R. (Dir.) et al *La mediación como método para la resolución de conflictos*, Dykinson, Madrid, 2017, pp. 29-46.

LÓPEZ SIMÓ, F. "Las partes en la mediación" en LÓPEZ SIMÓ, F., GARBAU SOBRINO, F.F. et al *Mediación en materia civil y mercantil. Análisis de la normativa de la UE y española*, Tirant lo Blanch, Valencia, 2014, pp. 160-212.

LÓPEZ YAGÜE, V. "Fortalecer el servicio público de Justicia, transformar el modelo, mejorar la calidad de la Justicia que se administra (1) (2)" [en línea], *La Ley, Actualidad Civil*, Núm. 5, Sección Persona y derechos, mayo 2024, pp.1-14.

LÓPEZ YAGÜE, V. "La mediación y otros MASC" en VAZQUEZ DE CASTRO, E. y GARCÍA VILLALUENGA, L. et al *Habilidades y procedimientos en la mediación*, Aranzadi, Pamplona, 2024, pp. 139-218.

MARTÍN DIZ, F. *La Mediación: sistema complementario de administración de justicia*, Consejo General del Poder Judicial Centro de Documentación Judicial, Madrid, 2010.

MARTÍN DIZ, F. "Nuevos escenarios para impulsar la mediación en derecho privado. ¿Conviene que sea obligatoria?" [en línea] *Práctica de Tribunales,* Núm. 137, Marzo-Abril 2019, pp.1-22.

MARTÍ MINGARRO, L. "La mediación civil y mercantil en la nueva Ley 5/2012, de 6 de julio" *Revista jurídica de Castilla y León,* Núm. 29, 2013, p. 14.

MEDINA CUADROS, A. (2025). "El requisito de procedibilidad introducido por la nueva Ley 1/2025". *OpenHub-News – Opinión Jurídica,* 20 de febrero de 2025, https://openhubnews.com/eo-requisito-procedibilidad-introducido-nueva-ley-organica-1-2025-medidas-materia-eficiencia-servicio-publico-justicia/ (Consultado el 3 de mayo de 2025).

MERINO ORTIZ, C. y LASHERAS HERRERO, P. "Artículo 9. Confidencialidad" en CASTILLEJO MANZANARES R., et al. *Comentarios a la Ley 5/2012, de mediación en asuntos civiles y mercantiles,* Tirant lo Blanch, 2013, pp. 113-122.

MORENO GONZÁLEZ, S. "Tratamiento fiscal de las exenciones por indemnizaciones en la ley de eficiencia de la Justicia" *Gómez-Acebo & Pombo,* marzo de 2025, https://ga-p.com/wp-content/uploads/2025/03/Tratam_fiscal_exenciones_-Impuesto _Renta.pdf (Consultado el 3 de mayo de 2025).

MUNNÉ CATARINA, F. "El mediador: capacidad y prohibiciones. Responsabilidad civil" en MUNNÉ CATARINA, F. y VIDAL TEIXIDÓ, A. *La mediación. Resolución pacífica de conflictos. Régimen jurídico y eficacia procesal,* La Ley, Las Rozas, 2013, pp. 105-125.

NIEVA FENOLL, J. *Derecho Procesal II (Proceso civil),* 4.ª Edición, Tirant lo Blanch, Valencia, 2025.

ORDEÑANA GEZURAGA, I. *Análisis crítico del arbitraje laboral y su entorno en el ordenamiento jurídico español*, Civitas-Thomson Reuters, Pamplona, 2009.

ORDEÑANA GEZURAGA, I. *La conciliación y la mediación en cuanto instrumentos extrajurisdiccionales para resolver el conflicto laboral*, Comares, Granada, 2009.

ORDEÑANA GEZURAGA, I. *El Estatuto jurídico de la víctima en el Derecho jurisdiccional penal español*, Instituto Vasco de Administración Pública, Oñati, 2014.

ORDEÑANA GEZURAGA, I. "Reflexiones sobre la necesidad de modificar 'el derecho estrella' de nuestro ordenamiento jurídico (el derecho fundamental a la tutela judicial efectiva (art. 24 CE)) para dar cabida en la constitución española a los medios alternativos de resolución de conflictos" en FONTESTAD PORTALÉS, L. (Dir.) y CALAZA LÓPEZ, S. (Dir.) *Justicia en REDefinición: inteligencia artificial en los métodos adecuados de resolución de controversias*, Dykinson, Madrid, 2024, pp.47-75.

ORDEÑANA GEZURAGA, I. (2025). "¿Como elefante en cacharrería? o ¿Hágase el milagro, y hágalo el diablo? Algunos puntos sobre las íes en la nueva ordenación de los MASC en nuestro ordenamiento jurídico: diez aciertos y diez desaciertos? (1) (2)" *Actualidad Civil*, N.º 2, Marzo 2025, pp.1-37.

ORTEGA GIMÉNEZ, A. "Derecho a la tutela judicial efectiva y alegación y prueba del derecho extranjero: (a propósito de la sentencia de la Audiencia Provincial de Murcia, de 7 de marzo de 2023)" *Cuadernos de derecho y comercio*, Núm. 80, 2023, pp. 227-248.

ORTEGA GIMÉNEZ, A. "Protección de datos" en COLLANTES GONZÁLEZ, J.L. (Dir.) et al *Diccionario Digital de De-*

recho Internacional Privado, Estudio Mario Castillo Freyre, Perú, 2023, pp.1219-1225. https://dialnet.unirioja.es/servlet/libro?codigo=944100&orden=0&info=open_link_libro (Consultado el 17 de abril de 2025).

ORTEGA GIMÉNEZ, A. "El arbitraje como forma de resolución de controversias en el ámbito de las relaciones comerciales internacionales en España" [en línea] *Revista Boliviana de Derecho,* Núm. 37, 2024. pp. 722-745. https://dialnet.unirioja.es/descarga/articulo/9250441.pdf (Consultado el 17 de abril de 2025).

ORTIZ PRADILLO, J.C. "Análisis de los principios informadores de la mediación en materia civil y mercantil "[en línea], *Boletín de información del Ministerio de Justicia,* año LXV, Núm. 2135, Octubre 201 https://revistas.mjusticia.gob.es/index.php/BMJ /issue/view/544

ORTUÑO MUÑOZ, P. "La mediación devuelve a los ciudadanos la posibilidad de gestionar sus conflictos" [en línea] *Diariojurídico.com,* 3 de octubre de 2014. https://www.diariojuridico.com/la-mediacion-devuelve-a-los-ciudadanos-la-posibilidad-de-gestionar-sus-conflictos/ (Consultado el 10 de abril de 2025).

ORTUÑO MUÑOZ, P. "Artículo 7. Igualdad de las partes e imparcialidad de los mediadores" en CASTILLEJO MANZANARES, R., RODRÍGUEZ ÁLVAREZ, A., ALONSO SALGADO, C. y AZCÁRRAGA MONZONÍS, C. *Comentarios a la Ley 5/2012, de mediación en asuntos civiles y mercantiles,* Tirant lo Blanch, Valencia, 2013, pp.99-105.

PELAYO LAVÍN, M. Tesis Doctoral, Dir. BUJOSA VADELL, L.M. *Los principios que informan el procedimiento de mediación,* Universidad de Salamanca, 2011. https://gredos.usal.es/bitstream/handle/10366/110555/DDAFP_Pelayo_Lavin_M_LaMediacion.pdf?sequence=1&isAllowed=y. (Consultado el 27 de abril de 2025).

PÉREZ DAUDÍ, V. "La imposición de los ADR ope legis y el derecho a la tutela judicial efectiva", [en línea] *InDret*, n.º2/2019, pp. 5-8. https://indret.com/wp-content/uploads/2019/07/1462.pdf (Consultado el 1 de mayo de 2025)

PÉREZ-SERRABONA GONZÁLEZ, J.L. "Mediación en asuntos mercantiles" en OROZCO PARDO, G. (Dir.) y MORENO PÉREZ, J.L. (Dir.) et al *Tratado de mediación en la resolución de conflictos*, Tecnos, Madrid, 2015, pp.263-286.

PÉREZ-UGENA COROMINA, M. *El uso on-line de la mediación, servicio de solución de conflictos: Un instrumento para las situaciones de crisis*, Dykinson, Madrid, 2020.

PERNA HERNÁNDEZ, M. Tesis doctoral, Dir. MARTÍNEZ JIMÉNEZ, M.I. *Régimen jurídico de la inversión extranjera en América Latina, con especial referencia a la inversión de las empresas españolas en Bolivia*, Universidad Autónoma de Barcelona, 2022, p. 232, https://ddd.uab.cat/pub/tesis/2022/hdl_10803_674931/mph1de1.pdf

PLAZA PENADÉS, J. "Mediación y Responsabilidad Civil" en BOLDÓ RODA, C., ANDREU MARTÍ, M. del M., PIZARRO MORENO, E. y ALFONSO SÁNCHEZ, R. et al *La mediación en asuntos mercantiles*, Tirant lo Blanch, Valencia, 2015,pp. 77-109.

SERRANO GÓMEZ, E. "Artículo 6. Voluntariedad y libre disposición" en GARCÍA VILLALUENGA, L. *Mediación en asuntos civiles y mercantiles: comentarios a la Ley 5/2012*, Editorial Reus, Madrid, 2012, pp.101-108.

SIERRA NOGUERO, E. "Estudio de Derecho español, inglés y comunitario sobre la extensión al tercero perjudicado del convenio arbitral y de ley aplicable del seguro marítimo de responsabilidad civil" *Cuadernos de Derecho Transnacional*, Vol. 15, Núm. 2, Octubre 2023, pp. 942-961.

TARABAL BOSCH, J. Y GINEBRA MOLINS, E. "La obligatoriedad de la mediación derivada de la voluntad de las partes: las cláusulas de mediación." *[en línea] InDret, Revista para el análisis del Derecho*, Núm. 4, 2013, pp. 1-31. https://indret.com/wp-content/themes/indret/pdf/1016_es.pdf (Consultado el 28 de septiembre de 2024).

TORRES LANA, J.A. "Principios rectores de la mediación" en LÓPEZ SIMÓ, F., GARBAU SOBRINO, F.F. et al *Mediación en materia civil y mercantil. Análisis de la normativa de la UE y española*, Tirant lo Blanch, Valencia, 2014. pp. 123-160.

TORRES OSORIO, E. *La mediación a la luz de la tutela judicial efectiva*, Ediciones Universidad de Salamanca, Salamanca, 2013.

TROCKER, N., y DE LUCA, A. *La mediazione civile alla luce della Direttiva 2008/52/CE*, Florencia University Press, 2011. https://media.fupress.com/files/pdf/24/2145/2145_24325 (Consultado el 9 de abril de 2025).

VALLESPÍN PÉREZ, D. *Mediación mercantil y eficiencia procesal*, Wolters Kluwer, Madrid, 2022.

VARGAS PAVEZ, M. "Mediación obligatoria. Algunas razonas para justificar su incorporación" [en línea] *Revista de Derecho*, Vol. 21, Núm. 2, 2008, pp. 183-202.https://dialnet.unirioja.es/servlet/articulo?codigo=3107803&orden=231338&info=link (Consultado el 19 de marzo de 2025).

VAZQUEZ DE CASTRO, E. "Técnicas de resolución de disputas en línea y mediación electrónica para superar la brecha digital y evitar el epostracismo profesional" [en línea], *Revista Aranzadi de Derecho y Nuevas Tecnologías*, Núm.52, 2020.

VAZQUEZ DE CASTRO, E. "Consideraciones fundamentales de la mediación" En VAZQUEZ DE CASTRO, E. y GARCÍA VILLALUENGA, L. et al *Habilidades y procedimientos en la mediación*, 2.ª Ed., Aranzadi, Las Rozas, 2024, pp. 269-318.

VILALTA NICUESA, A. "Las estadísticas del Ministerio de Justicia italiano del 2018 avalan la oportunidad de introducir el intento de mediación obligatorio y la posibilidad de que la intervención de letrados atribuya carácter ejecutivo a los acuerdos" [en línea] *Derecho Civil y Justicia en la era de las TIC, Observatorio Digital,* 27 de marzo de 2019. https://derechocivil478832840.wordpress.com/2019/03/27/las-estadisticas-del-ministerio-de-justicia-italiano-del-2018-avalan-la-oportunidad-de-introducir-el-intento-de-mediacion-obligatoria-y-la-posibilidad-de-que-la-intervencion-de-letrados-atribuya-carac/ (Consultado el 23 de abril de 2025).

VILLANI, M.: "Brevi notte sull'attualle assetto della mediazione civile obbligatoria", [en línea] *Osservatorio constituzionale,* abril 2015, pp.1-24. https://www.osservatorioaic.it/images/rivista/pdf/ villani%201.2015_.pdf (Consultado el 10 de abril de 2025).

Informes, dictámenes, guías y memorias.

ASOCIACIÓN JUDICIAL FRANCISCO DE VITORIA, *Informe sobre el anteproyecto de ley de medidas de eficiencia procesal del servicio público de justicia (medios adecuados de solución de controversias)*, 8 de febrero de 2021, https://www.ajfv.es/wp-content/uploads/2021/03/INFORME-SOBRE-EL-ANTEPROYECTO-DE-LEY-DE-MEDIDAS-DE-EFICIENCIA-PROCESAL-DEL-SERVICIO-PUBLICO-DE-JUSTICIA.pdf (Consultado el 3 de marzo de 2025).

COMISIÓN EUROPEA, *Código de Conducta Europeo para Mediadores,* Comisión Europea, Bruselas, 2004 https://euipo.europa.eu/tunnel-web/secure/webdav/guest/document_library/contentPdfs/law_and_practice/mediation/adr_ec_code_conduct_es.pdf (Consultado el 9 de febrero de 2025).

CONSEJO DE ESTADO, *Dictamen al Anteproyecto de la Ley de Mediación en asuntos civiles y mercantiles,* de 17 de febrero de 2011. https://www.boe.es/buscar/doc.php?id=CE-D-2010-2222 (Consultado el 19 de marzo de 2025).

CONSEJO GENERAL DEL PODER JUDICIAL, *Informe al Anteproyecto de Ley de Mediación en asuntos civiles y mercantiles,* [en línea], 19 de mayo de 2010. https://www.poderjudicial.es/stfls/cgpj/COMISI%C3%93N%20DE%20ESTUDIOS%20E%20INFORMES/INFORMES%20DE%20LEY/FICHERO/009.10_1.0.0.pdf (Consultado el 12 de marzo de 2025).

CONSEJO GENERAL DEL PODER JUDICIAL, *Informe al Anteproyecto de Ley de medidas de eficiencia procesal del Servicio Público de Justicia,* de 22 de julio de 2021. https://www.poderjudicial.es/stfls/CGPJ/COMISI%C3%93N%20DE%20ESTUDIOS%20E%20INFORMES/INFORMES%20DE%20LEY/FICHERO/20210727%20Informe%20anteproyecto%20de%20Ley%20de%20medidas%20de%20eficiencia%20procesal.pdf (Consultado el 5 de mayo de 2025).

CONSEJO GENERAL DEL PODER JUDICIAL, *Guía para la práctica de la mediación intrajudicial,* 18 de septiembre de 2024. https://www.poderjudicial.es/stfls/CGPJ/MEDIACI%C3%93N/FICHERO/20240918%20Gu%C3%ADa%20para%20la%20pr%C3%A1ctica%20de%20la%20mediaci%C3%B3n%20intrajudicial.pdf (Consultada el 5 de mayo de 2025).

CONSEJO GENERAL DE LA ABOGACÍA ESPAÑOLA, *Guía sobre la regulación de los MASC en la Ley Orgánica 1/2025, de 2 de enero, de medidas de eficiencia del servicio público de justicia,* de 19 de marzo de 2025. https://www.abogacia.es/wp-content/uploads/2025/04/GUIA_MASC_CONSEJO_GENERAL_ABOGACIA.pdf (Consultada el 5 de mayo de 2025).

ILUSTRE COLEGIO DE NACIONAL DE LETRADOS DE LA ADMINISTRACIÓN DE JUSTICIA, *Propuesta de unificación de criterios sobre la incidencia procesal de los medios adecuados de solución de controversias (MASC) en el orden jurisdiccional civil,* [en línea] https://letradosdejusticia.es/wp-content/uploads/2025/04/Propuesta-unificacion-de-criterios-MASC-LO-1-25-CEI-CNLAJ.pdf (Consultado el 7 de mayo de 2025).

Resolución del Parlamento Europeo, de 12 de septiembre de 2017, sobre la aplicación de la Directiva 2008/52/CE del Parlamento Europeo y del Consejo, de 21 de mayo de 2008, sobre ciertos aspectos de la mediación en asuntos civiles y mercantiles (Directiva sobre la mediación) (2016/2066(INI)). http://www.europarl.europa.eu/doceo/document/TA-8-2017-0321_ES.html?redirect. (Consultado el 1 de mayo de 2025).

Índice legislación

Real Decreto de 3 de febrero de 1881 por el que se aprueba el proyecto de reforma de la Ley Enjuiciamiento civil, *Gaceta de Madrid,* 36, de 5 de febrero de 1881. https://www.boe.es/buscar/doc.php?id=BOE-A-1881-813 (Consultado el 1 de mayo de 2025).

Real Decreto de 24 de julio de 1889 por el que se publica el Código Civil. *Gaceta de Madrid,* Núm. 206 de 25 de julio de 1889. https://www.boe.es/eli/es/rd/1889/07/24/(1)/con (Consultada el 5 de mayo de 2025).

Convenio europeo de protección de los derechos humanos y de las libertades fundamentales, 4 de noviembre de 1950, Roma. https://www.echr.coe.int/documents/d/echr/convention_spa (Consultado el 1 de mayo de 2025).

Convención sobre el Reconocimiento y Ejecución de las Sentencias Arbitrales Extranjeras, Nueva York, 10 de junio de 1958, Serie de Tratados de las Naciones Unidas, vol. 330, núm. 4739, https://uncitral.un.org/sites/uncitral.un.org/files/media-documents/uncitral/es/new-york-convention-s.pdf (Consultada el 5 de mayo de 2025).

Instrumento de Adhesión de España al Convenio sobre reconocimiento y ejecución de sentencias arbitrales extranjeras, hecho en Nueva York el 10 de junio de 1958, *BOE*, 164, de 11 de julio de 1977. https://www.boe.es/diario_boe/txt.php?id=BOE-A-1977-15727 (Consultado el 1 de mayo de 2025).

Ley Modelo de la CNUDMI sobre Mediación Comercial Internacional y Acuerdos de Transacción Internacionales Resultantes de la Mediación con la Guía para su incorporación al derecho interno y utilización. https://uncitral.un.org/sites/uncitral.un.org/files/me dia-documents/uncitral/es/22-01366_mediation_guide_s_ebook .pdf (Consultado el 1 de mayo de 2025).

Constitución Española, *BOE*, Núm. 311 de 29 de diciembre de 1978. https://www.boe.es/buscar/act.php?id=-BOE-A-1978-31229 (Consultada el 5 de mayo de 2025).

Ley Orgánica 10/1995, de 23 de noviembre, del Código Penal, *BOE*, Núm. 281 de 24 de noviembre de 1995. https://www.boe.es/buscar/act.php?id=BOE-A-1995-25444 (Consultado el 1 de mayo de 2025).

Recomendación nº R (98) 1 del Comité de Ministros a los Estados miembros sobre la mediación familiar, adoptado el 21 de enero de 1998. https://search.coe.int/cm?i=09000016805e1f76 (Consultado el 1 de junio de 2025).

Recomendación 98/257/CE de la Comisión de 30 de marzo de 1998 relativa a los principios aplicables a los órganos responsables de la solución extrajudicial de los litigios en materia de consumo, *DOCE*, L-115 de 17 de abril de 1998. https://eur-lex.europa.eu/legal-content/ES/TXT/?uri=OJ:L:1998:115:TOC (Consultada el 1 de mayo de 2025).

Ley 1/2000, de 7 de enero, de Enjuiciamiento Civil, *BOE* Núm. 7 de 8 de agosto de 2000. https://www.boe.es/eli/es/l/2000/01/07/1/con (Consultada el 5 de mayo de 2025).

Recomendación 2001/310/CE de la Comisión de 4 de abril de 2001 relativa a los principios aplicables a los órganos extrajudiciales de resolución consensual de litigios en materia de consumo, *DOCE*, L-109-56, de 19 de abril de 2001. https://eur-lex.europa.eu/legal-content/ES/TXT/PDF/?uri=CELEX:32001H0310 (Consultada el 1 de mayo de 2025).

Ley 60/2003, de 23 de diciembre, de Arbitraje, *BOE*, Núm. 309 de 26 de diciembre de 2003. https://www.boe.es/eli/es/l/2003/12/23/60/con (Consultada el 5 de mayo de 2025).

Ley 15/2005, de 8 de julio, por la que se modifican el Código Civil y la Ley de Enjuiciamiento Civil en materia de separación y divorcio, *BOE*, Núm. 163 de 9 de julio de 2005. https://www.boe.es/eli/es/l/2005/07/08/15 (Consultada el 5 de mayo de 2025).

Ley 35/2006, de 28 de noviembre, del Impuesto sobre la Renta de las Personas Físicas y de modificación parcial de las leyes de los

Impuestos sobre Sociedades, sobre la Renta de no Residentes y sobre el Patrimonio, *BOE*, Núm. 285, de 29 de noviembre de 2006. https://www.boe.es/eli/es/l/2006/11/28/35/con (Consultado el 3 de mayo de 2025).

Directiva 2008/52/CE del Parlamento Europeo y del Consejo de 21 de mayo de 2008 sobre ciertos aspectos de la mediación en asuntos civiles y mercantiles, *DOUE*, L-136/3, de 24 de mayo de 2008. https://eur-lex.europa.eu/legal-content/ES/TXT/PDF/?uri=CELEX: 32008L0052 (Consultado el 1 de mayo de 2025).

Ley 5/2012, de 6 de julio, de mediación en asuntos civiles y mercantiles, *BOE*, Núm. 162 de 7 de julio de 2012. https://www.boe.es/eli/es/l/2012/07/06/5/con (Consultada el 5 de mayo de 2025).

Real Decreto 980/2013, de 13 de diciembre, por el que se desarrollan Real Decreto 980/2013, de 13 de diciembre, por el que se desarrollan determinados aspectos de la Ley 5/2012, de 6 de julio, de mediación en asuntos civiles y mercantiles, *BOE*, Núm. 310 de 27 de diciembre de 2013. https://www.boe.es/eli/es/rd/2013/12/13/980 (Consultado el 1 de junio de 2025).

Ley 7/2017, de 2 de noviembre, por la que se incorpora al ordenamiento jurídico español la Directiva 2013/11/UE, del Parlamento Europeo y del Consejo, de 21 de mayo de 2013, relativa a la resolución alternativa de litigios en materia de consumo, *BOE*, Núm. 268 de 4 de noviembre de 2011. https://www.boe.es/eli/es/l/2017/11/02/7/con (Consultada el 5 de mayo de 2025).

Ley 8/2021, de 2 de junio, por la que se reforma la legislación civil y procesal para el apoyo a las personas con discapacidad en el ejercicio de su capacidad jurídica, *BOE*, 132 de 3 de junio de 2021. https://www.boe.es/eli/es/l/2021/06/02/8/con (Consultada el 5 de mayo de 2025).

Decreto 24 ottobre 2023, n. 150. Regolamento recante la determinazione dei criteri e delle modalità di iscrizione e tenuta del registro degli organismi di mediazione e dell'elenco degli enti di formazione, nonchè l'approvazione delle indennità spettanti agli organismi, ai sensi dell'articolo 16 del decreto legislativo 4 marzo 2010, n. 28 e l'istituzione dell'elenco degli organismi ADR deputati a gestire le controversie nazionali e transfrontaliere, nonchè il procedimento per l'iscrizione degli organismi ADR ai sensi dell'articolo 141-decies del decreto legislativo 6 settembre 2005, n. 206 recante Codice del consumo, a norma dell'articolo 7 della legge 29 luglio 2003, n. 229. (23G00163) *Gazzetta Ufficiale della Repubblica Italiana*, 255, de 31 de octubre de 2023. https://www.gazzettaufficiale.it/eli/gu/2023/10/31/255/sg/pdf (Consultada el 5 de mayo de 2025).

Ley Orgánica 1/2025, de 2 de enero de medidas en materia de eficiencia del Servicio Público de Justicia, *BOE*, de 3 de enero de 2025. https://www.boe.es/eli/es/lo/2025/01/02/1/con (Consultada el 1 de mayo de 2025).

Índice jurisprudencia

Auto del Juzgado de Primera Instancia número 52 de Barcelona el 26 de enero de 2015. *(Tol 4.778.545).*

Auto del Juzgado de Primera Instancia 18 de Granada el 11 de noviembre de 2015. https://www.poderjudicial.es/search/AN/openDocument/1610a051747840b5/20160129 (Consultado el 1 de mayo de 2025).

STC 11/1981, Pleno, de 8 de abril, *(Tol 109.335).*

STC 1/1983, Sala Segunda, de 13 de enero, *(Tol 79.169).*

STC 17/1985, Sala Primera, de 9 de febrero, *(Tol 79.432).*

STC 65/1985, Sala Primera, de 23 de Mayo, (*Tol 115.929*).

STC 206/1987, Sala Primera, de 21 de diciembre, (*Tol 79.945).*

STC 124/1988, Sala Segunda, de 23 de junio, *(Tol 79.973).*

STC 62/1991, Pleno, de 22 Marzo, *(Tol 80.476).*

STC 182/2002, Sala Segunda, de 14 Octubre, *(Tol 258.542).*

STEDH 38366/97, Sección Cuarta, de 25 de enero de 2000. *(Tol 121.760).*

STJUE C-317/2008, Sala Cuarta, de 18 de marzo de 2010, *(Tol 9.918.623).*

STS 109/2011, Sala Primera, de 2 Marzo, *(Tol 2.055.917).*

Sentencia del Tribunal Constitucional Chileno, de 10 de julio de 2012. https://www.tribunalconstitucional.cl/descargar_sentencia3.php?id=2042 (Consultado el 12 de marzo de 2025).

Tribunal Constitucional de Italia, sentencia n.º 272/2012, de 24 de octubre. https://www.cortecostituzionale.it/actionSchedaPronun cia.do?anno=2012&numero=272 (consultado el 1 de mayo de 2025).

STJUE C-75/2016, Sala Primera, de 14 de junio de 2017, (*Tol 6.162.808).*

STS 995/2024, Sala de lo Social, de 9 de julio de 2024. (*Tol 10.149.019*).

Otros documentos· Webgrafía

CONSEJO GENERAL DEL PODER JUDICIAL, «Más de la mitad de las familias que se someten a mediación tras un divorcio llegan a un acuerdo» [en línea], (19 de enero de 2024) https://www.poderjudicial.es/cgpj/es/Poder-Judicial/

Tribunales-Superiores-de-Justicia/TSJ-Region-de-Murcia/Oficina-de-Comunicacion/Archivo-de-notas-prensa/Mas-de-la-mitad-de-las-familias-que-se-someten-a-mediacion-tras-un-divorcio-llegan-a-un-acuerdo (Consultado el 28 de abril de 2025)

DIARIO LA LEY, «Modificación en las rentas exentas del IRPF respecto a las indemnizaciones por daños, por despido y por anualidades por alimentos» [en línea], (7 de enero de 2025), https://diariolaley.laleynext.es/dll/2025/01/07/modificacion-en-las-rentas-exentas-del-irpf-respecto-a-las-indemnizaciones-por-danos-por-despido-y-por-anualidades-por-alimentos, (Consultado el 1 de mayo de 2025)

AGENCIA ESTATAL DE ADMINISTRACIÓN TRIBUTARIA «Novedades de normativa 2025» [en línea], (2025) https://sede.agenciatributaria.gob.es/Sede/irpf/novedades-impuesto/novedades-normativa-2025/principales-novedades-ley-organica-1-enero.html (Consultado el 1 de mayo de 2025)